駟馬留言錄
華人教會語文例話

朱少璋 著

基道出版社

▼

駟馬留言錄

華人教會語文例話

作者
朱少璋 Chu, Siu-cheung

責任編輯
羅慧琪

裝幀設計
奇文雲海 · 設計顧問

■

出版／發行
基道出版社
香港沙田火炭坳背灣街26號富騰工業中心1011室
LOGOS PUBLISHERS
Unit 1011, Fo Tan Ind. Centre, 26 Au Pui Wan St., Shatin, Hong Kong
電話：(852) 2687-0331 傳真：(852) 2687-0281
網址：http://www.logos.com.hk

承印
海洋印務有限公司

●

10/2011 初版
Cat. No. LP836
ISBN 978-962-457-429-6

Printed in Hong Kong

刷次	10	9	8	7	6	5	4	3	2	1
年份	2020	2019	2018	2017	2016	2015	2014	2013	2012	2011

目錄

乙、措詞討論十四例

丙、格式與標點討論八例

丁、譯筆討論十一例

戊、其他討論八例

梁序

朱少璋先生的《馴馬留言錄——華人教會語文例話》是一本既實用又饒富趣味的書。

中國向有敬文惜字的傳統，重視書寫文字，認定文化的傳承、思想的發揚，皆有賴文字這個載體；故既留心遣詞造句，又注意文章的結構組織，連書寫方法也有很大的講究。惟是這個傳統在今天已甚難維持。電腦輸入法改變了筆順，電郵改變了書信的格式，尋索工具改變了閱讀的形式，互聯網上的書寫也改變了詞彙、文法與表達的方法。大勢所趨，不管家長與學校如何齊心守護傳統，也難以力挽狂瀾。這從西方重要的詞典不停收入網頁上流行的新造詞和片語，便可看出時尚無法逆轉的事實。

不過，要是我們沒有一味復古拒變的想法，則未嘗不可在語文轉變的潮流裏，作若干疏濬匡正；譬如指出哪些轉變是較合理的，哪些則違反了文法的基本規則。只要有選擇，品味是可以提高的，良品不會被劣品排斥。近年來國內好些網絡小說給刊印成書籍出版，當中不乏文字洗練、佈局奇偉的作品，受年輕一代的讀者追捧。小時候讀瓊瑤、金庸的通俗小說而被老師責罵，如今這些作品成了學校教科書的素材；今天流行的優秀著作，或許在明日會被視為語文學習的範本呢。

朱少璋先生正是可以成為匡導語文改變潮流的一人。他的語文造詣深湛，博通古今，卻沒有書巾氣或文人狂傲，鄙視俗語俗寫，堅持祖宗家法不可廢。他考究一個字的正音，卻又包容業已約定俗成的讀法。他在品評一個詞的用法時，總是從多方面評鑑，考慮某個看似偏頗的用法是否仍有可確立之處。捧讀本書，我彷佛在聆聽一位前輩的諄諄提醒，而沒有察覺其中帶有語文菁英咄咄逼人的氣燄。尤其難得的是，我看到朱先生對中國文化和基督教兩個傳統的相同尊重，力圖在語文傳統和教會慣說中間取得平衡，這可看為信仰本色化的具體實踐。

香港基督徒普遍受過良好教育，語文水平不比主流社會差；但神學教育圈子的同工多數是唸洋書出身的，中文書寫能力不佳；加上許多神學詞彙和意念皆來自西方，故所撰述的原著亦常給人中文洋書的譯著印象。中文神學著述還不是語文最糟糕的領域。教會新生代喜歡撰寫新曲新詞，抱歉地說，好些作品都讓我有不卒讀不忍唱的感覺。教會的語文水平亟待改進提高，我們得攜手努力。

我不是唸語文出身的，文字素養亦欠佳，本無資格在這個領域置喙。蒙朱先生邀請，得以成為本書最早期的其中一位讀者，這是莫大的榮幸。盼望朱先生能繼承王宣忱、王峙、劉翼淩、于中旻等文宣先賢的傳統，以文載道，以文衞道，使基督信仰能在中華文化的土壤裏茁長顯揚。言出難追，但錯過的機會仍有可追的空間。

梁家麟

建道神學院院長

2011 年 3 月 30 日

駟馬難追亦可追

于中旻在〈從聖經看教會語文〉較有意識地提出「教會語文」的概念，值得重視；于中旻說：

> 我們都不免受語文的限制，文化的影響，但總該知道，語文和文化終究不是真理本身，而是用來傳揚真理的。真理是超越文化的。(《金燈臺》1992 年 3 月第 38 期)

主內同人應時刻記著用優秀的語文表達真理。我時刻提醒自己不要被語文「玩弄」更不應「玩弄」語文。詞不達意固然可悲，若翠綸桂餌而反以失魚，卻也是可笑得叫人掉下淚來的。語文是宣教的工具，我們若能善用語文，則事半功倍。

說「學術」就是「心術」，可能陳義太高也太玄，若說語文「程度」之高低乃取決於語文運用者的「態度」；這道理大概容易明白。分析語文問題的書再多，也未必可以改善語文運用者的「態度」，更遑論提升「程度」了。我教了二十多年中文也用了半輩子中文；愈來愈覺得若要提高語文程度，改善「態度」才是前提。

時下的語文運用者愛講「風格」、濫説「風格」。你説這句子不太好，建議他修訂一下；他會認為句子好與不好都是「個人風格」，要改就是埋沒個性——結論是「不改」，是「依然故我」。時下的語文運用者尤喜為句子中的語文毛病找存在「理由」。你説「這部書可讀性甚高」可以改為「這部書很值得讀」；他會千方百計羅織材料證明「可讀性」跟「值得讀」是兩回事，再轉彎抹角地説明「可讀性」很有「存在性」或「存在度非常高」，因此在「理由性」較高的情況下，讀者如我不妨提高對「可讀性」一詞的「容忍度」，並堅持要提高「可讀性」一詞的「使用度」。

「風格」不涉對錯，只要把語文毛病（或任何毛病）講成「風格」就可以自圓其「錯」。心思不花在鍛煉語文上反而花盡心思為語文毛病找存在理由，是走錯了方向用錯了勁。

「犀利哥」是一名在浙江寧波流浪的程姓男子，他衣衫破破爛爛，不修邊幅；卻有好事者認為那正好符合原始版的「混搭」潮流。有人把「犀利哥」的衣著和外貌「閱讀」成「歐美粗線條搭配中有著日泛兒的細膩，絕對日本混搭風格，絕對不輸籐原浩之流。髮型是日本最流行的牛郎髮型，外著中古店淘來的二手衣服搭配 LV 最新款的紙袋。絕對諳熟混搭之道，從視覺色彩搭配上講，腰帶絕對是畫龍點睛之筆」。[1] 好事的網友更認為「在這個追求個性追求自我的時代，我們當然要向犀利哥學習」。[2] 網友和記者一窩蜂地追捧他，並譽之為「究極華麗第一極品路人帥哥」，[3] 一些忠實支持者對他的具體描述是「憂鬱的眼神，唏噓的鬍渣子，還有那雜亂的頭髮」[4]——衣衫襤褸、蓬頭垢面一旦給理解為「風格」，「流浪漢」就很有理由變成「犀利哥」。也難怪我們的語文滿是似是而非的「憂鬱的眼神，唏噓的鬍渣子，還有那雜亂的頭髮」，適逢「這個追求個性追求自我的時代」，大家都向語文領域中的犀利哥學習，而所謂語文中的「究極華麗第一極品」，果然寫得滿街都是。

華人教會的語文問題也許都不算太嚴重，但防微杜漸，問題未惡化前先作客觀分析或善意規勸，也是好事。本書主要集中在字音、措詞、譯筆、格式、標點等語文專題上作個案式的討論。書中的語例都是在教會生活中碰到的，隨手拈來作分析對象，只針對語文現象而絕非針對個人或個別團體。

諺語「一言既出，駟馬難追」，意思是一句話説出口，就是四匹馬拉的快車也追不上。這諺語既比喻話已説出口，難再收回；也引申為出言重諾之意。講話和寫文章一樣，講錯一句寫錯一句，同樣是難以追回的。「難追」是事實，「可追」是信念；想起傳統戲曲中每有趕得氣喘吁吁的官員在法場上大呼「刀下留人」的情節——駕駟馬而可留言的話，説這是「事後孔明」，説這是「賊過興兵」，説這是「亡羊補牢」；都對。

朱少璋

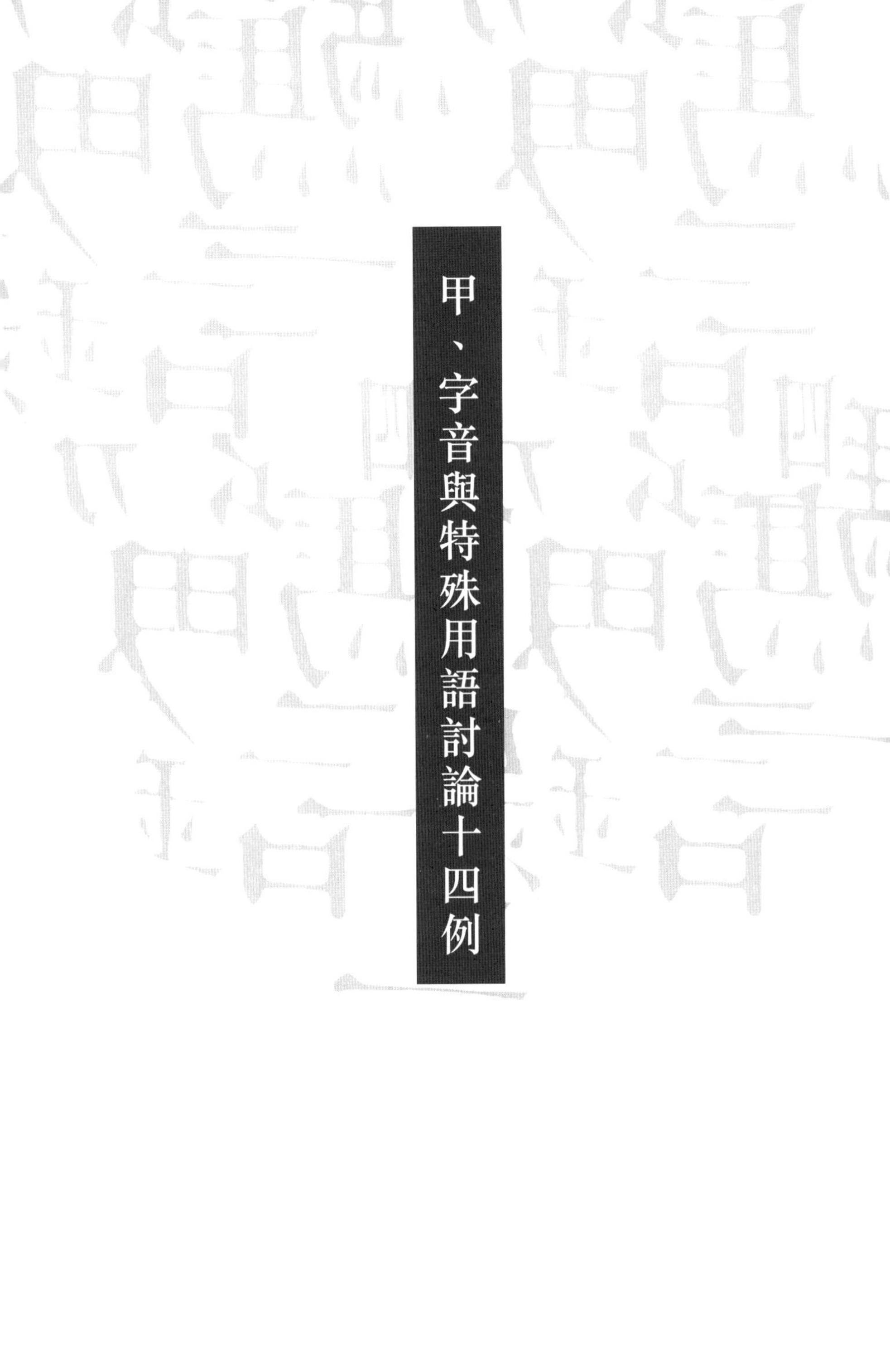

甲、字音與特殊用語討論十四例

1
用正音讀「列王紀」

舊約聖經中有創世記、民數記，還有列王紀。會眾常有把「列王紀」的「紀」(gei2)字讀成了「記」(gei3)；這情況應加留意並改正。網上「有聲聖經綜覽」聆聽版(粵語)由李思敬博士主講列王紀的錄音部分；粵語版本中講到「列王紀上下敘述以色列和猶大王國時期的歷史……」、「列王紀下按內容大致可分成三部分……」、「列王紀的檢討回顧……」、「研讀列王紀……」，上舉各句子中的「紀」字，都讀成「既」而不讀作「己」。

查「紀」字粵音有上聲和去聲兩個讀音。唸上聲直音是「自己」的「己」；唸去聲是異讀，直音是「既然」的「既」。記、紀二字在「記載」一詞的意義是相通的。如「記錄」今多作「紀錄」。但在統緒、統理、準則等方面詞義，一律用「紀」。如「本紀」不作「本記」、「綱紀」不作「綱記」、「經紀」不作「經記」。

舊約聖經中的列王紀是記載以色列從大衞王統治的終結，到耶路撒冷陷落的歷史；因此稱為「紀」。聖經《和合本》(香港：浸信會出版社，1989)用「紀」字標示這卷書的體裁，其概念及用法與《史記》中「本紀」的體例十分相似，值得注意。

司馬遷《史記》全書包括十二本紀、三十世家、七十列傳、十表、八書，當中的「本紀」就是用以記載帝王之事，後來「本紀」又簡稱作「紀」。「本紀」或「紀」漸漸成為東亞紀傳體史書中帝王傳記的專用名詞。《史記》〈索隱〉云：「紀者，記也。本其事而記之，故曰本紀。又紀，理也，絲縷有紀」；可見「本紀」一詞在「記錄」的意思上與「記」相通，但「本紀」也包含「理也，絲縷有紀」的獨特意思；不能說「紀」和「記」是同一回事。唐代張守節為《史記》〈五帝本紀〉作的題解對「本紀」的分析更為具體：「本者，繫其本系，故曰本；紀者，理也，統理眾事，繫之年月，名之曰紀」，題解中「統理眾事，繫之年月」兩句，大概可以視為「紀」與「記」二字的相異義項；這解釋和「紀」字的用法，值得重視。

會眾常把「列王紀」的「紀」字讀成去聲，大概是「紀」「記」二字形、音與義都相近。「紀」字雖可異讀為去聲，但在聖經的經卷中既有創世記、民數記等「記」，若把「列王紀」的「紀」字讀為去聲，就容易產生不必要的混淆。

2
「發酵」與「無酵」

主內同人不妨試試朗讀以下經文——出埃及記十三章7節：

> 這七日之久，要吃無酵餅，在你四境之內不可見有酵的餅，也不可見發酵的物。

「酵」字在經文中出現了三次，三次所配的詞都不同：「無酵」、「有酵」、「發酵」。如果不是教會中人，一般都把這三個「酵」字讀作「敲」。主內同人則傳統上會把「無酵」或「有酵」的「酵」字讀作「較」，但「發酵」的「酵」又似乎少有聽過有主內同人讀「發較」的。

查《粵音韻彙》，「酵」字讀音確讀如「較」（gaau3），常聽到的「敲」（haau1）音是由讀如「孝」（haau3）的去聲俗化而來的；都通。由於「發酵」一詞在聖經以外也常講常聽，而「發酵」一般亦已俗讀成「發敲」、「酵母」都讀如「敲母」；只有在誦讀聖經時遇上「無酵」或「有酵」時，「酵」字才會用上傳統的「較」音。

一個字音出現異讀，十分正常，經約定俗成而習慣使用，異讀都可相對地視作「正音」。「酵」這個字的讀音，在普及的層面上講，幾乎是異讀「敲」音的天下了。為了免除不必要的記憶負擔或傳意上的混淆，聖經中「無酵」或「有酵」的「酵」字，大可跟「發酵」的「酵」從俗讀如「敲」；反正「酵」字不涉及音譯，問題就更易於解決了。

無論是堅持讀「較」還是從俗讀「敲」，都應先與本屬教會的執長牧者商量，達成共識，並儘量要求會眾在讀經、引用、朗誦、證道或教導時統一字音。所謂統一，除了指教會內統一，還指在誦讀聖經時也應前後文統一——讀「較」也好，讀「敲」也好，要求「一音到底」，儘量不要説「無『較』餅不會發『敲』」一類的話；因為「前言不對後語」，聽起來特別刺耳。

3
「上」「去」十字架

初學中文的人都認為中文字異音異義很「麻煩」。讀一個字音要同時兼顧搭配、詞意、詞性和語境，不能一成不變：「衣服」的「衣」讀平聲，「衣錦還鄉」的「衣」則讀去聲；「荷花」的「荷」讀平聲，「負荷」的「荷」讀去聲；「不勝枚舉」的「勝」讀平聲，「勝利」的「勝」卻讀去聲……這表面看來是有點煩，但語用不外乎習慣和適應；小時候老師耳提面命，讀慣了，也不見得有多困難。

有朋友問「十字架」的「架」字該怎麼讀。查《平水韻》及《粵音韻彙》，「架」字都只有去聲；但口頭讀音卻實在有上聲和去聲的分別。一九九〇年版的《商務新詞典》已兼收「架」字上聲和去聲兩個讀音，似更符合日常字音異讀的事實；而且分工清楚：上聲「gaa2」讀如真假的「假」（直音賈），去聲「gaa3」讀如放假的「假」（直音「嫁」）。口頭上「架」字讀上聲的話，多用作名詞，是指擱置或支持東西的用具，如「書架」、「衣架」、「框架」、「貨架」。「架」字讀去聲的話，多用作動詞，是指「搭起」、

「支撐」，如「架牀疊屋」、「高架鐵路」。「架」字如用作量詞也讀去聲，如「一架飛機」。

「十字架」，是羅馬帝國時代的一種刑具。為十字形木架，把人的雙手、雙腳釘在上面，使其慢慢死去。那麼，「十字架」的「架」字是名詞，如果有人把「架」字讀成上聲（十字「賈」），也實在是於「音」有據的。

有趣的是，我們試把「十字架」縮略作「十架」，大家卻似乎都傾向讀成「十嫁（架）」，由此而派生開去的用語如「十架恩」、「十架寶血」，都一律傾向讀成了「十『嫁』恩」、「十『嫁』寶血」。把「架」字讀去聲誠然符合《平水韻》或《粵音韻彙》的標準，只是想起日常生活中講「衣架」、「木架」、「骨架」時都會自覺地把「架」字讀上聲的事實；如果類推到「十字架」的「架」字上去，若讀上聲，也不是全無道理。

其實，《和合本》聖經新約經卷中出現的「架」字都是搭配組合成「十字架」（名詞）的，無一例外；因此，讀新約經文時若想把「架」字的讀音讀得更貼近日常生活，只要一「賈」到底就行了。

4
人子沒有「枕頭」……

有人把路加福音中的經典經文讀成「只是人子沒有枕頭 // 的地方」。若只聽上一句，會誤以為耶穌沒有「枕頭」(pillows)可用。朗讀這節經文時，應特別注意「沒有枕頭的地方」要七字一氣連貫直下；還應留意「枕」字的讀音。

「枕」字在粵語中有兩個讀音。「枕」字作名詞用讀上聲，作動詞用讀去聲。枕頭、高枕、落枕、共枕、衾枕、枕邊人或安枕等用語中的「枕」字是名詞性；都讀上聲，讀如「怎」(zam2)。用作名詞的「枕」是指睡臥時用來墊托著頭部或頸部的東西；「枕」字若引申為墊在底下的意思(如鋪設火車軌的「枕木」)，則是形容詞，也讀上聲。而枕戈、枕流、枕石、枕腕或曲肱而枕各用語中的「枕」是動詞性；都讀去聲，讀如「浸」(zam3)。作動詞用的「枕」字指用枕頭或其他東西墊托頭部，也引申作依傍、鄰靠的意思。

用粵語講「枕枕頭」，第一個「枕」字是動詞，第二個「枕」字是名詞；慣操粵語的朋友一定會懂得把這三個字讀成「浸怎頭」。事實上,「枕」字在普通話中也有兩個讀音:名詞性或形容詞性的「枕」字讀第三聲,動詞性的「枕」字讀第四聲。

以粵音異讀為例,撒母耳記上十九章16節:「使者進去,看見牀上有神像,頭枕在山羊毛裝的枕頭上」,經文中第一個「枕」字是動詞,讀「浸」;第二個「枕」字是名詞,讀「怎」。再看以西結書十三章20節:「所以主耶和華如此說:『看哪,我與你們的靠枕反對……』」,經文中「靠枕」一詞如果是語法中的偏正結構則「枕」字是名詞,如果是並列結構則是動詞。我們參看英譯經文是「pillows」,那是說有一種「枕」名叫「靠枕」。查《宋史》〈輿服志〉有「金龍環刀一,紅紵絲靠枕一」的記載,「靠枕」是半坐半躺時用來靠腰墊背的枕頭;那麼以西結書中「靠枕」的「枕」是名詞,該讀上聲。馬可福音四章38節:「耶穌在船尾上,枕著枕頭睡覺……」,經文中的兩個「枕」字明顯是先動詞後名詞;讀如「浸著怎頭」便對了。

主內同人要特別留意路加福音九章58節:「耶穌說:『狐狸有洞,天空的飛鳥有窩,只是人子沒有枕頭的地方』」;讀經者如在朗讀時停頓不當再加上讀錯字音,經文給割裂出來的短語「沒有枕頭」就可能讓人誤會人子沒有「枕頭」(pillows)可用!參看英文譯本是「but the Son of man hath not where to lay his head」(《英王詹姆斯譯本》〔King James Version〕),經文意思是說:人子連找個墊頭靠頸、稍事小休的地方都沒有。因此,「只是人子沒有枕頭的地方」的「枕」字是動詞,應讀去聲。再看唐代詩人元稹〈出門行〉「持璞自枕頭」,句中的「枕」字,也讀去聲。寒山詩「枕頭須莫眠」句與詩的上句「空腹不得走」對偶，「枕」字與「空」字同是動詞，分別是「枕著」和「空著」的意思；寒山筆下這個「枕」字，也讀去聲。

有人質疑：指牀上用品的「枕頭」（pillows），「枕」「頭」二字的意思不是指「給人們枕著頭的工具」嗎？為甚麼「枕頭」的「枕」字是名詞而不是動詞呢？要回答這問題，我們不妨參考普通話中「枕頭」一詞的聲調安排。普通話中「枕頭」一詞讀作 zhěn tou，「頭」字唸輕聲而不唸第二聲。這是跟「石頭」、「骨頭」、「舌頭」或「斧頭」各詞中的「頭」字用法一樣，都是漢語中的名詞後綴用字。「頭」字用作名詞後綴用字時，沒具體意思；「頭」字後綴於詞尾的作用是把本來單音節的詞變為雙音節詞，為不同的語用場合提供音節上的不同選擇。因此，加了後綴用字的「石頭」、「骨頭」、「舌頭」、「斧頭」其實就是單音節詞的「石」、「骨」、「舌」、「斧」——那麼，雙音節詞「枕頭」（pillows）也就是單音節詞「枕」；可不要誤以為「枕頭」是偏正結構（動詞 + 名詞）才好。

5
「帥領」與「率領」

曾經在公開場合引用《論語》「政者，正也，子帥以正，孰敢不正」幾句話，一位前輩事後對我說：「留意『帥』字的讀音。」我才猛然想起「帥」字確是破音字，可讀「碎」，也可以讀「摔」；都怪自己一時掉以輕心，把「子帥以正」的「帥」字誤讀成「碎」。

「帥」字作名詞時讀去聲，直音是「碎」；作動詞時則讀入聲，直音是「摔」。「帥」字作動詞時一般解作引導或率領；如「帥師」，就是率領軍隊之意。《左傳》〈隱公元年〉「命子封帥車二百乘以伐京」的「帥」字正是率領或帶領之意，也該讀入聲。

這令我想到聖經中的「帥」字來。

《和合本》有四十六次用上了「帥」字，而其中四十五次都是名詞，包括人名及將領銜頭；只有一次用作動詞。「帥」字用作動詞的詞例就在哥林多後書二章14節：「感謝神！常帥領我們在基督裏誇勝，並藉著我們在各處顯揚那因認識基督而有的香氣。」就因為經文有「帥領」一詞，現時不少會眾或牧者都會在交流或講道時用上，只是大都習慣把「帥領」讀成了「碎領」。

署名「howtindog」的網友在公眾網域上載的〈神帥領我們誇勝〉短片，旁白者由誦讀經文以至討論經文，但凡講到「帥領」一詞，都讀「碎領」；都跟普羅大眾的讀法一樣。[5]

《現代中文譯本》(香港：聯合聖經公會，1994)直接把《和合本》中惟一的一個「帥領」給改為「率領」，未知是否因為《現代漢語詞典》及《國語辭典》都沒有收錄「帥領」一詞。《現代中文譯本》把「帥領」逕改為「率領」，誠然省事，但在證道或禱告時，也總有遇上「帥領」的時候，這時，我們應該從俗把「帥」字讀成去聲呢？還是按標準讀入聲呢？在這字音個案上我不敢勉強主內同人都讀入聲正音，但最起碼當聽到有人把「帥領」的「帥」字讀入聲時，不要以是為非才好。

6
「兄弟」與「弟兄」

甚麼人講甚麼話；聽其言，有時可以想見其為人。

語用習慣可以暗示或明示一個人的身分或背景。一個人跟你講「白粥」，另一個人跟你講「稀飯」；二人講的其實是同一樣東西同一個概念，但按語用習慣而分析，前者採用的是近廣東方言語體，而後者採用的則是現代漢語語體。

中國人常常「稱兄道弟」，有血緣關係的當然是「兄弟」，沒血緣關係的要好朋友，也可以互稱「兄弟」，更有喻稱為「手足」，以表示關係之密切。只是在教會的語用習慣中，一般都稱男性教友為「弟兄」，不稱「兄弟」（稱教會中的女性教友為「姊妹」則沒有語序上的變異，不能以「弟兄」為先例而把「姊妹」改稱為「妹姊」）。要辨識某個人是不是「教會中人」，且細心聽聽那人開口講的是「兄弟」還是「弟兄」，當可知一二。

詩篇一百三十三篇云：「看哪，弟兄和睦同居是何等地善，何等地美」，都用「弟兄」，指的是教友或會友。唐代著名詩人王維名篇：「獨在異鄉為異客，每逢佳節倍思親。遙知兄弟登高處，偏插茱萸少一人」，詩題是〈九月九日憶山東兄弟〉，倘把詩題戲改為〈九月九日憶山東弟兄〉的話，又是否可以讓現當代讀者感受到一絲特殊的宗教氣息？

「弟兄」一詞雖非一般現代人所習慣使用（指非教友），但卻不見得是教會人士生造硬作的用語。魯迅在小說集《彷徨》中有一篇名為〈弟兄〉的作品。查「弟兄」一詞於古有據，《管子》：「弟兄十人，分國為十，兄弟五人，分國為五。」又《紅樓夢》第六十四回：「原來賈璉、賈珍素日親密，又是弟兄，本可避忌之人，自來是不等通報的。」至於于中旻在〈詞以達意詞以害意〉中認為「弟兄」「姊妹」僅用於複稱的看法，似可斟酌。查《水滸傳》第五十回：「這孫提轄是我弟兄，自幼與他同師學藝」；則「弟兄」一詞既明顯是對親密伙伴朋友的稱呼，而在句例中又單指「孫提轄」一人，則「弟兄」似乎也可以用於指稱單數的。

聖經中「弟兄」一般指沒有血緣關係而志同道合的朋友，至於真有血緣的則仍稱「兄弟」——如創世記中就多次用「兄弟」：「又生了該隱的兄弟亞伯」（四 2）、「該隱與他兄弟亞伯說話」（四 8）、「耶和華說：『你做了甚麼事呢？你兄弟的血有聲音從地裏向我哀告』」（四 10）、「希伯生了兩個兒子，一個名叫法勒，因為那時人就分地居住；法勒的兄弟名叫約坍」（十 25）、「這八個人都是密迦給亞伯拉罕的兄弟拿鶴生的」（二十二 23）。「弟兄」與「兄弟」在聖經中分工清楚，讀經時應細加留意。

7
新舊與舊新

說聖經有新舊約，誠然不錯，但想深一層，按時序先後而言，其實是先「舊約」而後「新約」。我們常說「聖經有新舊約」、「新舊約聖經」或「新舊約全書」；順時序而言，應該是「舊新約」才對。

道理雖然講得通，但語用習慣在傳意活動中往往佔主導地位；而講到習慣這回事，有時是有「理」說不清的。比如日常口頭及書面上不少跟「新舊」詞構相類近的用語，當中哪個字該前置又哪個字該後置，都似乎只講習慣而不必一定講道理，如：古今（錯綜：古往今來）、前後（錯綜：瞻前顧後）、左右（錯綜：左鄰右里）、東西（錯綜：聲東擊西）、夫妻（錯綜：老夫老妻）、子女（錯綜：一子一女）、上下（錯綜：欺上瞞下）、陰陽（錯綜：孤陰獨陽）、黑白（錯綜：說黑成白）、是非（錯綜：孰是孰非）、春秋（錯綜：春去秋來）、人鬼（是人是鬼）、好壞（錯綜：是好是壞）、優劣（錯綜：優勝劣敗）、得失（錯綜：或得或失）……詞序的或先或後都已約定俗成，若硬要倒過來說「今古」、「後前」或「劣優」，不是不行，總欠自然耳。

一九一三年由上海「大美國聖經會」出版的廣東土白版本聖經，書名是《舊新約全書》，再早一點，一九〇二年由上海「大美國聖經會」出版的施約瑟新譯本聖經取名《舊新約聖經》；可見「新舊約」並非一面倒的、惟一的講法。英語習慣上講「The old and new testament」，早年的譯者照譯成「舊新約」，不無道理。只是中文語用習慣倒過來講「新舊」，大家透過語用默契都知道事實是「舊新」之意。比如歐陽修撰《新五代史》，寫作成書時序後於薛居正的《舊五代史》，但二書合稱（合刊）時還是説成（寫成）「新舊五代史」；如蕭慶偉的《新舊五代史隨筆》可證。復如歐陽修撰《新唐書》，寫作成書時序後於劉昫的《舊唐書》，但二書合稱（合刊）時還是説成（寫成）「新舊唐書」；如趙紹祖的《新舊唐書互證》一書可證。

如此看來，把「The old and new testament」中譯成「舊新約」的優點是順按時序和接近文本，而把「The old and new testament」中譯成「新舊約」則語序地道，貼切自然；譯筆雖異，但可謂各有千秋，亦各有所「本」。

8

「禁果」聯想

在詞典不難找到「禁果」和「偷嘗禁果」兩個詞條。詞條大都據舊約創世記的記載展開解釋；都說神在伊甸園種有分辨善惡樹，所結的果子不准許人吃。後來亞當、夏娃受蛇的誘哄，吃了此果，於是戴罪被神逐出伊甸園。

只是嚴格上來說，聖經中並沒有「禁果」這個詞。「禁果」是在約定俗成的過程中慢慢凝定、規範下來的；還有人進一步把「禁果」的形象具體聯想成「蘋果」的樣子——都怪十七世紀《英王詹姆斯譯本》給譯成英語時，譯文中的「fruit of the forbidden trees」沒有明確指稱是哪種水果；當時的人便泛稱之為「apple」。[6] 不久，「apple」一詞專指了蘋果。於是不少人誤以為人類始祖犯禁所吃的就是蘋果！民間還胡亂傳說，說亞當在吃「分辨善惡樹果子」時，突然看到神過來，便急忙把吃剩的果肉連核吞下，部分果子咽不下卡在喉嚨上，於是變成男性特有的「喉結」。英語中喉結的俗稱確是「Adam's apple」；這誤會也真的「美麗」而「曲折」。只是「一日一蘋果」變成「一日一禁果」，嚇得人連吃水果都帶點罪咎感。

由「禁果」衍生出來的新概念有「禁果效應」。所謂禁果效應，是指一些事物因為被禁止，反而更加吸引人們的注意力，使更多人參與或關注。此外，「禁果」的詞義不知打從何時與「未婚男女性事」拉上了關係，傳媒用「禁果」一詞，都是與「性」有關的。至於「偷嘗禁果」就更是專指男女婚前發生性行為，其他場合都派不上用場。網上《國語詞典》在「偷嘗禁果」詞條下也說：「原指未成年男女暗地裏做出不被允許的性行為」、「今泛指未成年人間發生性行為」。

語言，是無韁的野馬是「甩繩馬騮」，要跑，誰也拖不住也拉不停。「禁果」的概念源自聖經，惟其詞意卻又「離經」甚遠。「偷嘗禁果」除了「犯禁」之意大致上與聖經本意相近外，其語用場合與指稱對象，都與聖經的本意無涉。有鑑於此，牧者在講道或宣教時，對是否使用「禁果」一詞，應特別注意。

聽道的人可能是教友，也可能是慕道者，道基深淺各不相同。講道時用「禁果」一詞，容易引起部分聽眾的「負遷移」——即把已知的一些信息遷移到別的場合去展開理解，但效果是「負面」的。以「禁果」為例，牧者若說：「亞當、夏娃不聽神的話，吃了(「吃了」如換上了「偷嘗」就更不好)禁果；被逐出伊甸園。」聽眾很容易受約定俗成中「禁果」的特殊意義干擾，並把亞當、夏娃被逐的整件事負遷移到與「性」有關的聯想去；終非事實。筆者認為，既然聖經根本沒有「禁果」這個詞，倒不如在講道時避免使用。直接用「分辨善惡樹果子」，較為穩妥。

9
怎樣「以牙還牙」

「以牙還牙」一語，最先出現在舊約出埃及記二十一章24節：「以眼還眼，以牙還牙，以手還手，以腳還腳。」經文中「以牙還牙」或「以眼還眼」都已成為漢語中的成語；口語和書面上都常用。

翻查幾種常用的詞典，都說「以牙還牙」是比喻採取與對方相同的態度或方法報復對方。例如：「你怎麼對付我，我就怎麼對付你，一定以牙還牙，絕不寬貸和忍讓的！」詞意強調的是受害一方「有仇必報」。這意思大致上不能說錯，但每一次細讀出埃及記時，總覺得經文中的「以牙還牙」還應在「採取與對方相同的態度或方法報復對方」之意外，包含「公平」之意。

查出埃及記二十一章一開始就是「你在百姓面前所要立的典章是這樣」，接著下文就是列寫「要立的典章」的具體條文內容，由24至25節明言：「以眼還眼，以牙還牙，……以傷還傷，以打還打。」從整個大語境去看，這是「典章」的內容，「典章」是法令制度，訂定典章的精神是要透過典章內容讓平民百姓在行事上有個依從的標準。那是說，當有人打掉你的牙齒，依典章的標準，是「只能」把對方的牙齒打掉，卻不能再外加其他不公平的報復。若在公開考試的試卷上寫「我只打了你一拳，所謂以牙還牙，你就只能打我一拳；這樣最公平」，未知這個句子是否及格。

《論語》〈公冶長〉篇：「寧武子邦有道則知，邦無道則愚；其知可及也，其愚不可及也。」寧武子是衞國大夫。孔子在上面講的意思是：寧武子是一個處世為官很有方法很有分寸的人。當國家政治開明，形勢好轉，對他有利時，他就能充分發揮自己的聰明智慧，為衞國的政治竭力盡忠。當君主昏暗無度，形勢惡化，對他不利時，他就退居幕後裝起糊塗，以便等待時機。孔子說他那種聰明，別人可以做得到，但他那種裝糊塗的本事就不是一般人能做得到了。「裝糊塗的本事就不是一般人能做得到」是「愚不可及」的本意，但在約定俗成的過程中，「愚不可及」這成語則指愚蠢得無人能及；形容愚蠢無比。如魯迅《朝花夕拾》中的〈范愛農〉：「我們醉後常談些愚不可及的瘋話，連母親偶然聽到了也發笑。」我們今天用「愚不可及」作句，都用「愚蠢得無人能及」的意思，但在理解《論語》原文時，就切忌「以今非古」——

同理，出埃及記中的「以牙還牙」一旦成為了成語，到今天我們在行文造句上（不是指閱讀原文），使用的該是成語約定俗成的意思，而不是成語的「本意」。復如成語「大放厥辭（詞）」本指寫作時極力鋪陳。韓愈〈祭柳子厚文〉「玉佩瓊琚，大放厥辭」一例可證；但後來語意因約定俗成而轉變為大發議論的意思，且含貶義。如：「他分明講錯話，還斗膽在鏡頭前大放厥辭」。在約定俗成的前提下，我們不能因為「大放厥辭」另有其「本意」，就在行文造句時違反那經約定俗成得來的意思（後期意思）。只是在讀經時卻要避免使用後期約定俗成的詞意去理解經文原來的詞意——我們不應把韓愈〈祭柳子厚文〉的「大放厥辭」理解為無理地大發議論，也同時不應把出埃及記中的「以牙還牙」錯誤理解為只指「有仇必報」。

10

還是「阿們」

在網絡上偶然登入了「嫻情浩氣」網誌，網誌上討論到「誠心所願」與「阿們」（Amen）的問題。網誌主人認為眾教會統一用「阿們」較好；[7] 語意語用上的理由是「誠心所願」只表示出「Amen」眾多意義中的一個。

如果「Amen」的意思就只是指「誠心所願」的話，也許根本不會出現音譯的「阿們」。在翻譯中採取純音譯的做法，是最迫不得已的做法也是最好的做法。一般是：當遇上另一種特殊文化背景下產生的特有用語，而這些特殊用語在本國的語彙中並沒有相同的用語可迻譯的話；譯者就寧可採用純音譯以保留原義，也不會用相類近的用語去作淺化或局部化的翻譯。佛經把梵文「prajna」直接音譯成「般若」而不取意譯的「智慧」，就是不想淺化了原來的詞意。「Jeep」是一種輕便而堅固的中、小型汽車。本為軍用，美國於第二次世界大戰時，曾大量使用。這種車性能機動靈活，能適應高低不平的道路，宜於山行，後來發展成為一種受歡迎的民用汽車。這款車的中譯是「吉普」，只取音譯，既通行又達意。再回看《和合本》新舊約各經卷中，都譯「Amen」為「阿們」，譯者的考慮可謂周詳。

「阿們」一詞最少包含以下的意思：(1)可靠可信，(2)確定，(3)真實和(4)願事情這樣成就。「誠心所願」四字明顯不能同時包含上舉各義。而且，「Amen」可以説是全世界基督徒都聽得懂的詞語，較之「誠心所願」更為普及。

《基督教週報》闢一專欄刊登禱文，欄目名稱是「誠心所願」，名稱倒是起得非常切當，非教會中人看了這個名稱，都可以望文生義，大致明白欄目的性質。只是由於欄內的禱文由不同人士執筆，而文末又往往「誠心所願」與「阿們」參雜互見；就在這一點上，又是否可以考慮在主內進行合一？

必須承認，統一採用哪一個用語的相關討論，並不涉及或對或錯的判斷。「誠心所願」在最先出現的時候，肯定有其歷史或文化上的意義、作用和價值；這些意義、作用和價值，今天我們還得予以肯定、尊重和欣賞。

11

「十字架」與「十架」

基督徒都知道甚麼是「十字架」，十字架是基督教的信仰標記；實物是由一橫一直的兩條木交疊而成，外形像「十」這個漢字。希臘文的「Stauros」英譯是「cross」，中譯則為「十字架」。

「十字架」這個譯名，十分傳神，譯者是利用了「十」這個漢字與「cross」這件刑具在外形上相似的優勢，創譯出「十字架」一詞，這譯名形象鮮明，譯得具體而準確。我們在日常生活中，為了把某事物表達得更傳神，也會利用字符的外形特點去創作新詞的。如「工字鐵」、「一字馬」、「十字路口」、「金字塔」，這些日常用詞中的「工」、「一」、「十」和「金」，都是人們利用作為修飾事物外形的字符，使讀者見其字如見其物，以收準確具體的表達效果。至於把「十字架」縮略成「十架」，您又是否接呢？

復活節時常常會引用的「十架七言」，用語中的「十架」就是「十字架」的縮略語，又如調寄小曲〈雙星恨〉的感恩粵曲〈綿綿十架恩〉，由曲名以至曲文都用「十架」代替「十字架」。復如

〈奇妙十架〉，曲文也是「每逢思念奇妙十架」，都略去了「字」。著名琴曲“The Old Rugged Cross”，一般亦中譯為〈古舊十架〉，不譯〈古舊十字架〉。查康熙帝的御製詩有「功求十架血成溪」之句，證明九五至尊都把「十字架」縮略成「十架」。

在傳意上，大家習慣了「十架」這縮略詞，都明白講的是甚麼東西，本來怎樣講都行；但如果要求準確些或規範些，則「十架」不可以、也不應作為「十字架」的縮略用語。主要理由有二：理由一、「十字」是指稱某個木「架」形如「十」這個漢「字」，所以「工字鐵」從來不會縮略為「工鐵」，「十字路口」不可能改稱「十路口」，「金字塔」也絕不可以隨意縮略為「金塔」。理由二、以聖經為參考標準，整部《和合本》只有「十字架」，並沒有「十架」這個詞。

12
「崇拜」及其相關的縮略語

單看字義詞義，「主日」與「崇拜」相搭配，本無不妥。「崇」是崇尚、崇好，「拜」是拜服、敬佩；但「崇拜」一詞在搭配上又真的多與負面詞、貶義詞沾邊，這確是值得主內同人關注的。至於我常看到有人把「主日崇拜」寫成或印成了「主日『祟』拜」，雖可推托為手民之誤，但畢竟可笑，主內同人在校對時，也應要特別留意，不要讓別字作「祟」才好。

說回「崇拜」。于中旻認為把主日聚會講成「主日崇拜」並不恰當，他說：「照中文一般用法，崇拜是不用於對真神的」；其說不無道理。《和合本》中舊約和新約各用了一次「崇拜」，都用在負面的語境中，可見于中旻的說法，於「經」有據。既然是於「經」有據，筆者認為應該予以更正，不宜將錯就錯！說將錯就錯，那是因為台灣《國語辭典》在「崇拜」詞條下說：「基督教徒聚集禮拜上帝稱為『崇拜』。如：『主日崇拜』。」辭典中的辭條解釋用以反映語用實況，本無不可，但並非說語用實況沒有討論餘地。我反而欣賞辭條解說文字中「禮拜上帝」的講法，得體而達意。我們不妨參考佛教、道教的宗教用語，都沒有用上「崇拜」，反而基督教教義強調反對「崇拜偶像」，在「敬拜真神」時卻用上了「崇拜」! 事實上，把「主日崇拜」更正為「主日禮拜」或「主日聚會」，自然而得體；應該考慮。陳康博士著《崇拜多面體》，書名如更訂為《敬拜多面體》，是否更好？

由「崇拜」一詞又想到教會常用的縮略語如「少崇」(少青崇拜)或「兒崇」(兒童崇拜)，這類用語也宜注意。漢語中把名詞前置於「崇」字，多指「崇高」而不指「崇敬禮拜」。如「泰山崇」(名詞+崇)是指泰山崇高，又如「德望崇」(名詞+崇)是指德行名望都崇高；詞意都不是「崇敬禮拜」。「少崇」和「兒崇」易生歧義，令人誤以為詞意是「少年人很崇高」或「兒童很崇高」；傳意效果實在並不理想。

13
假聖

既談到縮略語的問題，也不妨同時就「假聖」一詞作點討論。

不少教會都會辦一些「假期聖經班」，讓更多人可以接觸福音；這是很好的宣教活動。「假期聖經班」在口語及書面上，很多時給縮略作「假聖」。「假聖」一詞，不是太理想的用語。

要決定一個詞應否縮略，先要考慮是否「必要」。必要則縮略，不必要則大可仍舊貫不必改作。必要與否，還可以參考原詞的長度和使用度。以「假期聖經班」為例，五個漢字說短不是最短，但也一定不能算長。日常生活常用的五字詞語多的是，都不縮略，如「十全大補酒」、「菜膽雲吞雞」、「金毛尋回犬」、「波音七四七」、「赤鱲角機場」，讀起來都不覺太長，可以接受。當然，一個五字詞如果使用度高的話，有時也會在提高效率的前提下作縮略，如「尖沙咀東部」一詞使用度頗高，於是縮略作「尖東」，而「大角咀東部」、「九龍城南部」、「牛頭角西部」等詞使用度明顯較低，因此沒必要縮略作「大東」、「九南」或「牛西」。

「假期聖經班」這個詞，主要局限在教會內使用，跟「尖沙咀東部」的普及性有一定差距。教會一年頂多辦二至三次「假期聖經班」，要講、要寫這個詞，都不會太費唇舌太花筆墨，如此看來實在沒有必要縮略。

縮略的另一條原則是要儘量避免歧義。「假聖」一詞驟眼一看，還以為是指「假」的「聖」人。「假聖」一詞在教會內部使用，教友間有默契，問題不大，用上了反而親切，但若是公開講話或撰寫宣傳單張時，最好不要縮略，以免引起溝通上的誤會。曾見過一張大橫額，上面寫著「暑假假聖招生」，非教會中人一眼望去，雖不至於誤解，但恐怕也絕不容易了解。

14
從「浸信會」到「浸會」

浸信會源起於十七世紀的英國，至於「浸信會」一詞何時開始給縮略成「浸會」，則頗難稽考，以筆者日常接觸的宣教文獻再作一點初步粗淺歸納所得，早在一九三六年十月，廣州舉行的一次感恩慶祝大會，就以「浸會來華宣教百週年」為標題；當時已採用「浸會」一詞。

現時，「浸信會」與「浸會」兩詞並行不悖。沙田圍「浸信會呂明才小學」，沒有縮略；九龍塘有一所大學卻稱為「浸會大學」，略去了「信」字，其實指的都是「Baptist」。

筆者不知道當年是甚麼人又持甚麼理由把「浸信會」縮略成「浸會」，到今天「浸會」一詞大行其道，似乎是積重難返，可幸「浸信會」一詞尚未全廢，在二十一世紀的不同場合和刊物上尚數數見之；「信」字未至於湮沒無聞。

使用縮略語一般是為了把長而複雜的用語簡化縮略，便於口語與書面上的表達。如「中華人民共和國全國人民代表大會」縮略為「全國人大」或「人大」，這是大家都熟知的縮略語例。

至於「浸信會」三個字是否有必要進一步省作「浸會」，個人對此舉不表贊同。理由一：「浸信會」已十分簡明，沒必要再簡化縮略；對比其他相類的「會」，如「聖公會」、「宣道會」或「神召會」，都不見有人把這些名稱縮略作「聖會」、「宣會」或「神會」的。理由二：如從聲調角度作分析，「浸」「信」二字同是「去」聲字，連讀時雖有點不自然；但「播道會」的「播」「道」二字也同是「去」聲字，卻沒有聽過有人把「播道會」縮略為「播會」的。

當然，我們也許可以說這是「語用」的「習慣」，既然大家都習慣了，也就沿習下去好了。筆者不得不承認「習慣」是「語用」中的重要環節，但習慣也有「好」習慣與「壞」習慣之分。劉蓉在其名篇〈習慣說〉中說：「習之中人甚矣哉」，主內弟兄姊妹是否應考慮該起來捍衛一下那無端丟失了的「信」字呢？

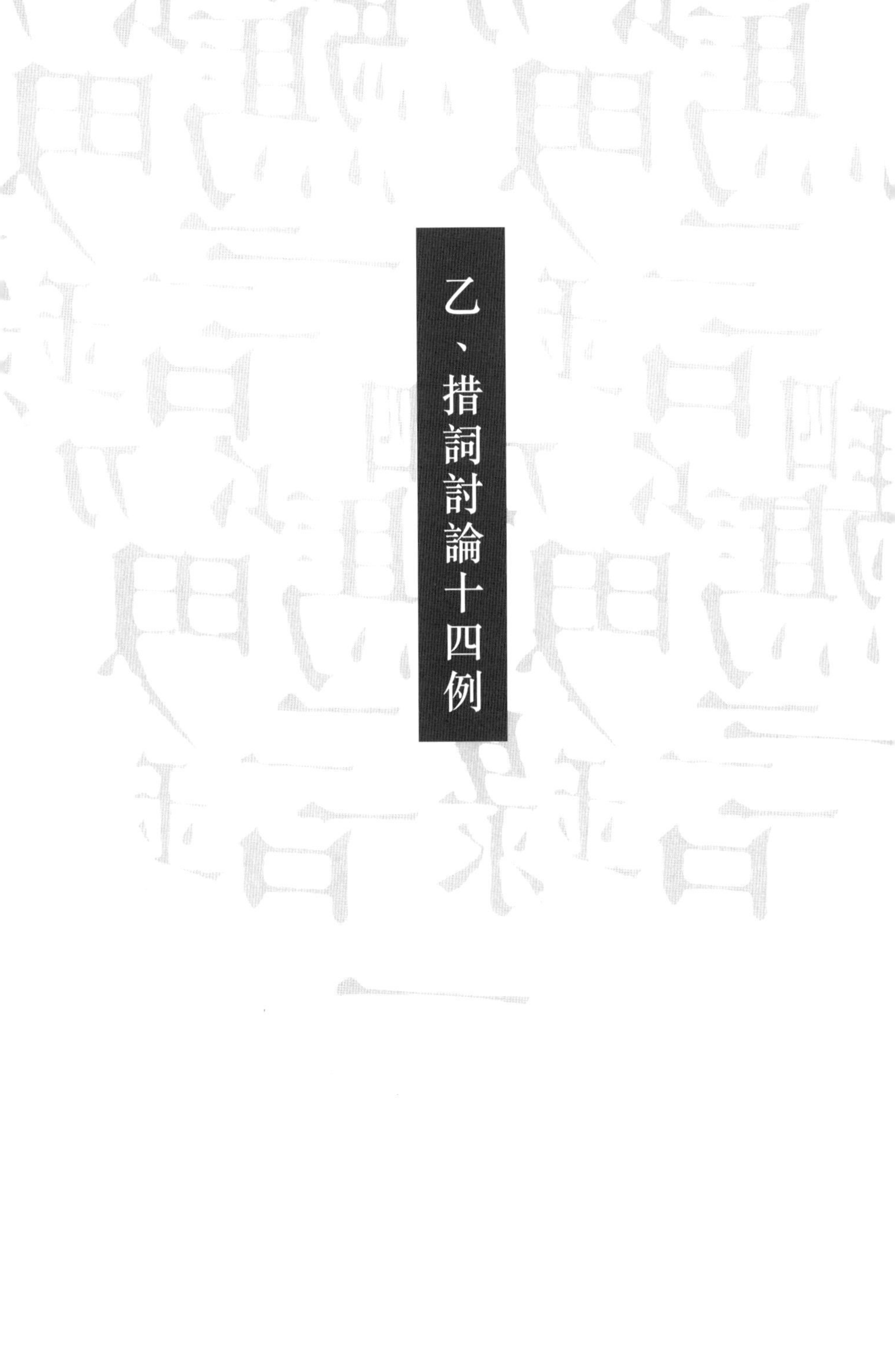

乙、措詞討論十四例

15
「終身」與「終生」

“Emmanuel”是一首基督教歌曲，「Emmanuel」(以馬內利)是聖經中先知以利亞及門徒馬太對耶穌基督的別稱，意思是「神與我們同在」。“Emmanuel”有中文版(廣東話版)，歌名是〈有你終身美麗〉，但在網絡上見各傳抄版本在用字上都有出入：有的用「終生」，有的用「終身」；莫衷一是。倘以《和合本》的用字標準為參考，則宜用「終身」。

《楚辭》有「誰可與兮終生」一句，探其句意，是指「度過一生」的意思。《孟子》也有「良人者所仰望而終身也」之句，與阮籍〈詠懷〉中的「布衣可終身」同指「度過一生」的意思。上舉各語例可證「終身」和「終生」幾近同義。筆者只有在使用「終此一生」時必不作「終此一身」，其餘情況如無特別需要，筆者恐怕是終身都用「終身」的了——有時把問題簡化，可免麻煩。

「終身」和「終生」頗難區別。兩個詞都指人的一生、一輩子，但在語義側重點上又似乎略有不同。《現代漢語詞典》說「終身」側重指切身的事情，如「終身大事」；而「終生」側重指事業方面，如「為了事業而奮鬥終生」。只是我們若說「為了事業而奮鬥終『身』」，也無不可。那是說，「終身」的使用面可以覆蓋「終生」。

女歌手蔡琴講她信主的經過，談到當年男友聽到她生病消息後在車上大哭，並向神禱告：「不要讓蔡琴得癌症，我將終身事奉主」；句中的「終身事奉主」似乎改為「終『生』事奉主」也無不可，可我還是認為蔡琴在憶述的禱文中用「終身」也實在不錯。查《和合本》「終身」出現了十八次，卻沒有使用過「終生」。

二○○一年上映的*A Beautiful Mind*，是改編自同名傳記而獲奧斯卡金像獎的電影，電影的中文譯名是《有你終身美麗》，這個「身」字譯得精準，亦於「經」有據，值得注意。至於同年海南出版社出版班乃特（William Bennett）原著的*The Moral Compass : Stories For a Life's Journey*，由周啟凡、顧儉、蔡欽民合譯，中譯書名是《終生受用的哲理寓言和故事》；若改「終生」為「終身」，似乎更好。

16
不要再「清潔」香港

雅各書四章 8 節：「你們親近神，神就必親近你們。有罪的人哪，要潔淨你們的手！心懷二意的人哪，要清潔你們的心！」《和合本》譯文中有「要清潔你們的心」一句，其中「清潔」一詞作動詞用，若衡以古代漢語標準則通，查《漢書》〈王莽傳〉有「清潔江湖之盜賊」之語例，若衡以現代漢語的語用標準，則有商榷餘地。

我已不止一次在公開場合呼籲不要再「『清潔』香港」——理由是在現代漢語的標準下，「清潔」一詞從不作及物動詞使用，查《現代漢語詞典》，「清潔」詞條下舉的詞例語例都是作形容詞用。除非我們把「清潔香港」理解為「清潔的香港」(「清潔」作形容詞用)，語法的搭配上才算及格；但整個口號是「清潔香港，人人有責」，則「清潔」一詞，在句子中顯然是給誤用作及物動詞了。

再看上舉《和合本》經文中「要清潔你們的心」一句，情況一樣，是把「清潔」當成是動詞來使用。細讀上下文，是先有「有罪的人哪，要潔淨你們的手」一句，再有「心懷二意的人哪，要清潔你們的心」一句結構平行的句子，《和合本》的譯者大概是為了「潔淨」一詞要避複，因此採用一個意義相若的詞作替代，以現代漢語標準而言，「清潔」一詞並不是動詞，譯文若以現代漢語的語法搭配標準而論，則是帶點瑕疵了。

《和合本》譯文是早期白話，早期白話與現代漢語的標準一定有差距，不宜以今非古。那麼，我們不妨看看《現代中文譯本》有沒有留意這個問題。查《現代中文譯本》把這節經文譯為：「你們親近上帝，上帝就親近你們。有罪的人哪，要潔淨你們的手！偽善的人哪，要潔淨你們的心！」譯者不單沒有迴避重複使用「潔淨」一詞，還刻意把「有罪的人哪，要潔淨你們的手」和「偽善的人哪，要潔淨你們的心」兩組句子寫成標準的排偶句，讓本來是缺點的「用詞重複」變成了積極的修辭，讀起來反而在複疊中帶有節奏感，並同時改訂了《和合本》「清潔」一詞，使行文更符合現代漢語標準；譯筆圓融，用心亦巧。可是再看《現代中文譯本》歷代志上二十三章28節卻又有「負責清潔聖物」一句，《現代中文譯本》在這裏又誤用了「清潔」的詞性。反觀《和合本》同節的譯文卻是譯作「潔淨一切聖物」，又譯對了！

17

由馬勒當拿的「手」說到「神級」

世界著名足球員、有「球王」之稱的馬勒當拿（Diego Armando Maradona），在一九八六年世界盃足球賽決賽中，用手拍球入龍門，居然仍給判以合法得分；事後馬勒當拿說那是「Hand of God」——「上帝之手」。

我不知道球王所說的「上帝」是不是耶和華，如果是，他講的「上帝之手」就該算是「僭稱」了。主內同人對球王這講法未知有何感覺？

對用語有要求，很容易給人說成「執著」。大家為了免除麻煩，都隨波逐流了。只是凡事都得有個底線，例如用「上帝」之名去為個人的錯誤作開脫的話，這種情況主內同人就應小心，像馬勒當拿口稱的那幾個字，我是儘量避免使用的。二〇〇一年有一部心理恐怖電影的中文譯名也叫《上帝之手》，故事講一個殺人犯以為自己是「God's Hand Killer」，上帝的手又一次給用在罪惡的意思中；未知這是否算是褻瀆父名？上帝的手是無所不能的，但現在卻給演繹成無惡不作。

二〇〇五年馬勒當拿在電視台的清談節目中正式公開承認自己當年在賽事中違規的事實，他說：「確實是我做的，有點惡作劇的意思」，那才像人講的話。聽說西方金融界老式央行也稱「在必要或關鍵時候插手干預者」為「上帝之手」，事實上也如球王所說，是「有點惡作劇的意思」了。

也許西方人時時刻刻都要「my God」，講得多腔口油滑了心也麻木了，對「God」的用法是否心存尊重，似乎都不大介意。華人的語言文化不同，對直接翻譯而來的「上帝」及相關詞組，最好小心運用，不要人云亦云；尤其是教會同人，就更應檢點用語，不要在語言上失了見證。

上文談到球王的「手球」，讀《明報》(2010 年 7 月 29 日，體育版)剛巧有關於他的報道：「『球王』馬勒當拿在國內地位達『神級』，當離任消息傳出後，數以千計球迷蜂擁到足總門外抗議」。香港潮流用語有「神級」一詞，這個用語大概是要極端、誇張地表示等級之極崇高，無雙無對之意。「神」是至高之意，又帶正面色彩；但報道中說一個足球員的「地位」到達了「神級」，作為基督徒的讀者，讀到這些句子時，又可有骨鯁於喉，不吐不快之感？「神級」是新興電子遊戲術語，是指程度地位達到最高境界、達到一個沒上限的最高級別，無人能及的境界。電子遊戲界中，原來最高的級數為「A」，後來又在「A」之上再增加一個級數「S」(Super)，這個「S 級」就演變成潮流用語的「神級」。其實若按「Super」直譯，不必多事，就說是「超級」或「極級」，已很明確了；不要動不動就騷擾「神」！

加拉太書說：「神是輕慢不得的」;「輕慢」是對神不存敬畏。詩篇說「敬畏耶和華是智慧的開端」——上帝之名，不是可以任意亂講、亂用的。

18

恭喜恭喜

中國人十分重視農曆新年，新年見面時，大都互相「恭賀」一番。語貴吉祥，整個春節都沉浸在祝福聲裏。

新年見面，見面時雙方都是主內同人的話，一般都是拱手為禮，再說句「主內平安」、「靈命長進」，彼此都受落。若基督徒遇上未信主的親友，講「主內平安」或「靈命長進」的話，對方卻未必受落領情；但最起碼不應講「狗馬亨通」、「橫財就手」等與賭博有關的話。「財神到」、「吉星高照」、「天官賜福」一類的迷信用語，雖不必在新春拜年時當面嚴肅地糾正別人，但最低限度主內同人應要力戒，一講出口易失見證。

春節是中國傳統節日，基督徒要在節日裏使用切合教徒身分的祝福語，不必假於外求，只要花點心思，細讀聖經，就不難找到頭緒，下面為大家舉幾個例子：

詩篇有「你出你入，耶和華要保護你，從今時直到永遠」(一二一8)的話，又馬太福音、路加福音和約翰福音都有記載耶穌復活後對人說：「願你們平安」——「出入平安」是不錯的選擇。

歌羅西書有「你們的言語要常常帶著和氣，好像用鹽調和，就可知道該怎樣回答各人」(四 6)的教導——「一團和氣」也不俗，可用。

創世記三十九章 2 節有「約瑟住在他主人埃及人的家中，耶和華與他同在，他就百事順利」的話，祝福別人「百(事)事順利」，顯然是符合聖經教導的。

歷代志上二十二章 8 節「他在位的日子，我必使以色列人平安康泰」一句有「康泰」二字，與「身心康泰」的祝福語氣息相通，也可以。

申命記十二章 15 節：「然而，在你各城裏都可以照耶和華——你神所賜你的福分，隨心所欲宰牲吃肉；無論潔淨人不潔淨人都可以吃，就如吃羚羊與鹿一般。」經文中「隨心所欲」與傳統祝福語「從心所欲」，都可用。

19

神魔之間

教會為教友搞慶生活動，放在會眾面前是一個圓圓白白的奶油蛋糕；盛蛋糕的外盒貼上「天使蛋糕」四個美術字。負責買蛋糕的部員說：「店員說這個天使蛋糕的奶油塗得不夠均勻，建議為我們換一個同系列中巧克力味道的『魔鬼蛋糕』；我一想到要把『魔鬼蛋糕』放在會友面前，就拒絕了！」

這位部員心細如髮；我不認為他的決定可笑；相反，是可愛、是可敬。

閒來瀏覽網頁，看到有「香港魔術佈道事工」的連結，原來還有「福音魔術網」等相關網站；楊有志牧師還在「青心」網頁上詳細解釋甚麼是「福音魔術」，他說：「今日社會講求視聽的教學，『福音魔術』作為福音預工及傳遞福音有一定的成效。」[8]

「魔術」指的是藉各種道具，以祕密且快速的手法，表演超出尋常的動作。「魔術」的「魔」字借指表演能予觀眾奇幻、驚異之感，這個「魔」字有「魔法」、「魔力」、「魔幻」之意；「魔」字用作形容詞，是神祕而不可思議的意思。我們還須注意，

「魔」字雖兼形容詞性，但「它」的名詞傾向畢竟明顯，例如「橙」字固然是顏色詞而其名詞傾向畢竟明顯。「魔」與「福音」，終覺在搭配組合上，格格不入。像上舉的「魔術佈道事工」，一眼看去，容易產生與「魔」有關的聯想。

《文心雕龍》〈指瑕〉說：「而〈武帝誄〉云『尊靈永蟄』，〈明帝頌〉云『聖體浮輕』，浮輕有似於蝴蝶，永蟄頗疑於昆虫，施之尊極，豈其當乎？」曹植是一代文豪，但他在〈武帝誄〉中說：「尊靈永蟄（尊貴的英靈永遠蟄伏）」在〈冬至獻襪頌〉中又說「聖體浮輕（聖王的身體輕浮地飛翔）」;《文心雕龍》的作者劉彥和心細如髮，批評「輕浮」一詞讓人想到蝴蝶，而「蟄」字則容易引人聯想到昆蟲；劉彥和認為把這類字詞用於描寫尊貴的帝王，是不算得恰當和得體的。

像「香港魔術佈道事工」或「福音魔術網」等語例，可以在更積極的修辭標準下作進一步的提煉。利用或借用「魔術」傳「福音」一類的講法，不是不行，是不夠好。如果改用「戲法」，大概可行——元代范康〈竹葉舟〉：「恰纔這一個風魔道士將一片竹葉，黏在壁上，變做小小的一隻船兒，倒也好個戲法」；句子中的「戲法」就是指「魔術」。勉強改用「幻術」也總比用「魔」字好——《顏氏家訓》：「世有祝師及諸幻術，猶能履火蹈刃，種瓜移井」；句中的「幻術」是指掩眼戲法，正與「魔術」同義。

20

與「新」「生」有關的課題

基督徒民主連線（Christian Alliance for Democracy）的網頁上，在二○○七年一月十三日的頁面有「招募新力軍」的標題，又《中信通訊》二○一○年六至七月號第八期第三版有介紹鄺美玲宣教士的文章，大標題是「宣教新力軍」——于中旻在〈詞以達意詞以害意〉一文中早已注意到這支「『新』力軍」，他不無幽默地把「新力」聯繫到日本品牌Sony的中譯名字上去：「看到這個詞兒（按：「新力軍」），不誤會是『新力棒球隊』之類，也會以為是『新力遠征軍』之類，要再推行『大東亞共榮圈』的理想了。」

我們查一下《現代漢語詞典》或《國語詞典》，都沒有「新力軍」而只有「生力軍」。那是説，規範的用法是「生力軍」。人們誤「生」為「新」，大概是因為「生」、「新」二字音近，而「新力軍」也似乎能表達出「新興力量團隊」之意，時下的人反而覺得「生力」費解；於是「新力軍」便大行其道，且漸有取代「生力軍」之趨勢。

于中旻認為「生力」的意思是指「力儲而未用」,「與『生地』『生土』的意思類同,是指有待開發」,因此主張用「生力軍」。我再查《商君書》,在〈守兵〉一節下有「守有城之邑,不如以死人之力與客生力戰。其城拔者,死人之力也」之句,句子中用「生力」與「死人之力」對舉,則「生力」是在「力儲而未用」的意思上,另有與「死人之力」相反相對的深刻意思。那是說,「新力」只相對於「舊力」而言,而「生力」則相對於「死力」而言;對比之下,「生力」一詞含意確是合理而豐富得多。

上舉《中信通訊》二〇一〇年六至七月號第八期第三版的「宣教新力軍」標題,標題的字體設計是「新」字套紅,其餘四字是黑色的——不知道編者是要顯示「新」字是特殊(或非規範)用法?還是要強調這支宣教軍隊是很「新」的意思?傳意效果上且不管是不是最好,但「新」字套紅,也許可以意外地引起讀者的注意,重「新」思考一下這個與「新」「生」有關的課題;也是好事。

21
請不要「祈一次禱」

我跟您說：「請不要祈一次禱！」那是不是要您……

由兩個或兩個以上的語素組成的詞叫合成詞。現代漢語詞彙中，合成詞佔絕大多數。合成詞有的可以擴展，有的不可以擴展。

例如：合成詞「吃飯」可以按需要擴展為「吃一頓飯」，「畫圖」可以擴展為「畫一幅圖」；但不是所有合成詞都可以用分拆的方式作擴展，如「示範」就不可以「示一次範」、「比賽」也不可以作「比一次賽」。

在不同場合都聽過或讀過「祈禱」這個詞，只是「祈一次禱」的用法卻有商榷餘地。「祈」與「禱」的詞義相若，「祈」是指向神明求福；如「祈福」。「禱」是指祭神而有所求。兩個近義詞合在一起是「複疊近義」；「祈」與「禱」都帶動詞性，與之相類的詞例如「游泳」或「停頓」。「游泳」不可作「游一次泳」、「停頓」不可作「停一次頓」，這個大家似乎都明白。但，為何我們又可以接受「祈一次禱」呢？

要把數量的概念加到「祈禱」或「游泳」這些合成詞上，不能用分拆擴展的方法，我們可以說「他每天游泳一次」或「他再游泳」。但以理書六章 13 節「他竟一日三次祈禱」的講法是對極了，絕不應說「他竟一日祈三次禱」！假設「祈禱」一詞若可分拆擴展，那麼口語中的「祈唔祈禱」很容易錯誤地書面化為「祈不祈禱」，而「祈完左禱」也會慢慢接受成為「祈完了禱」。事實上，「祈唔祈禱」應作「是否祈禱」或「祈禱嗎」；「祈完左禱」則應作「祈禱完了」。

人們胡亂擴展合成詞，主要是由於把日常口語的沙石雜質帶到書面上去。講話時即興成分居多，措詞偶有沙石，可以寬容待之，或者善意規勸，卻不必字字深責更不必句句深究，但若以為「我手寫我口」，講得出便寫得出的話，就容易在書面上出現語病了。

考考您：「司機開車」中的「開車」和「開國君主」中的「開國」，哪一個詞可以擴展成「A 一次 B」的格式？

22

誰是「年青」人？

張慕皚牧師在〈做個超凡脫俗的時代青年〉中談到青年人的牧養問題，講章中多次用上「年青」一詞：「……而今天傳講的信息，對象則以年紀較大的**年青人**為主。聖經對**年青人**之年齡沒有清楚的界定，先知耶利米二十歲還自稱年幼，每個國家定義**年青人**的年齡均有不同，所以不必為**年青人**之歲數而爭議，最重要是心境**年青**，那(哪)管是八、九十歲呢？那麼怎可成為這個時代超凡脫俗的**年青人**……。」[9]

查台灣《國語辭典》只收「年輕」而不收「年青」。《現代漢語詞典》則兩者都收，《現代漢語詞典》給「年青」下的定義是「處在青少年時期」，而給「年輕」下的定義則是「年紀不大，多指十幾歲到二十幾歲」。從前教書，見學生寫「年青」就一定把「青」字視為別字，要學生改寫「輕」字。後來參考《現代漢語詞典》「年青」詞條，也就對「青」「輕」採放任政策，讓學生「青」「輕」由之。

「年青」一詞大概是由「青年」一詞的倒文俗成而來，加上

「青」「輕」讀音上的密切關係，後來積非成是，《現代漢語詞典》都收錄了。

「年輕」和「年青」粵音相近，普通話讀音則完全一樣，只有在書面上才可以看到「詞形」上的分別；但在詞意上卻幾乎無法分辨，我看《現代漢語詞典》對這兩個詞的解釋，看了老半天都看不出二者有何具體分別，大概可用「等義詞」的概念視之。雖云「等義」，但「年輕」可以擴展為「年紀輕」或「年紀輕輕」，成語是「年輕力壯」；這些用法都與「年青」絕緣。那是說，「年輕」可以完全取代「年青」，但倒過來卻不行。

《和合本》都只見「年輕」而沒有「年青」，《現代中文譯本》都是如此。為免不必要的混亂，雖不一定涉及對與錯，但個人傾向統一使用「年輕」；因為較為省事也較達意。

23

論「肢體」

筆者在教會內除非是照讀某段原文，否則一般都會用「主內同人」、「弟兄姊妹」或「教友」、「會友」代替「肢體」一詞。

「肢體」一詞固然有其「相互配合」、「組合互動」、「同體分工」、「共榮共辱」等深刻的含意，比喻誠然具體恰切，但把教友直接喚作「肢體」，總覺與漢語語用習慣格格不入。

查《和合本》舊約中用「肢體」一詞，都是實指身體部分而不含比喻色彩（不比喻作會友或弟兄）。在新約保羅的多篇書信中，才開始以「肢體」為比喻，說明各教會或教會同人是耶穌這個主體中的不同「肢體」；用意在表明作用不一但同為一體的意思。保羅思想向來深刻而縝密，設喻精到而達意，「肢體」一例，可謂箇中表表者，值得欣賞和重視。如果我們用現當代修辭概念去講，保羅所用的「肢體」，是一個比喻中的「喻體」部分。在行文或討論的過程中，利用比喻把抽象的事物具體化，效果當然不俗；但讀者若只斷章取義，隨意割裂喻體部分充當教會用語，弄到在整個完整比喻中給分割出來的「肢體」身首異處，有時卻會弄巧成拙。

以西結書三十四章31節有「你們作我的羊，我草場上的羊」的話，大家都知這是以「羊」為喻體，但習慣上卻沒有人會在教會中講「請各位『羊』在散會後留步」的話。同樣，詩篇一百一十九篇105節：「你的話是我腳前的燈，是我路上的光」，詩句中「燈」和「光」都是貼切的喻體，但總不成就直接把「主的話」說成「今天大家一起查考一下『我腳前的燈』」——用語陌生或過分講求以默契為溝通前提，結果是把某個用語變成了「專門術語」；「專門術語」的好處當然是夠「專門」，缺點卻是難於普及，並會因此而造成不必要的隔閡。

如果真的要獨立使用「喻體」作借喻的話，我們不妨參考一下「手足」的用法。「手足」其實是指兄弟關係密切，再引申到好朋友關係上去的一個常用「喻體」；李華〈弔古戰場文〉「誰無兄弟？如手如足」一例可證。我們今天說「各位『手足』請留步」，都自然而達意。曹子建〈七步詩〉中有「煮豆燃豆萁」之名句，係以「豆」和「萁」比喻同胞兄弟，取喻極妙極切，但若借用為「各位『豆萁』請留步」，效果卻不一定好。為甚麼呢？因為「手足」是日常熟語，「豆萁」則相對陌生冷僻。日常溝通要求提高效率、貴乎親切，措詞上不必要求「創新」或刻意造到「與眾不同」。

當然，若講到用語「熟」與「生」的問題，一定有人認為凡事都有第一步，沒有今天的「生」，又怎會有將來的「熟」呢？這看法誠然不錯，但一個「生」詞要發展成「熟」語的話，倒要具備某些條件才行。一個為大眾所接受的好詞語，大家喜歡使用，一定可以由「生」變「熟」；相反，一個令人感到突兀的用語，則充其量只能局限在某個社羣中使用，卻不能在漢語系統中完全變「熟」。

所謂一個好的用語，「好」的標準不一定是百分百客觀而穩定的。若單以「肢體」一詞為分析對象，「肢體」是接近「上層概念」的用語，其「下層概念」用語是手、臂、足、頭、指、趾、掌、脛、髀、腿等詞。「上層概念」概括性強些，「下層概念」卻具體些。漢語在獨立使用喻體時，習慣上一般傾向採用近「下層概念」的用詞。例如我們常把最愛的子女說是「心肝」(喻體，近下層概念)，卻很少會用「上層概念」用語，把「子女都是父母的『心肝』」說成「子女都是父母的『重要器官』」或「子女都是父母的『內臟』」。而且既已有「心肝」這一熟語在前，又似無必要新創「腎胃」、「脾胰」或「腸膽」等「新用語」了。

24
釋放甚麼

主內教友在證道分享或禱告時，常講類似這樣的話：「求主釋放祢的話語⋯⋯」、「主啊，願祢釋放聖經中的話語⋯⋯」；「釋放」一詞在教會中常講、常聽。講得多，便繼續講；聽得多，也就跟著講。於是，整個教會都好像給誰綁架了似的，天天要求「釋放」。

查「釋放」一詞有兩個常用的義項：義項一，指免除拘提、逮捕、羈押之拘束而恢復自由；《三國志》〈呂蒙傳〉：「蒙至，誅其首惡，餘皆釋放，復為平民」一例可證。今天我們說「釋放囚犯」，是用對了。義項二，指發出；如日常所講的「釋放能量」便是「發出能量」之意，也用得對。參考《和合本》新舊約各經卷，「釋放」一詞出現了六十六次，用的都是「義項一」，沒有例外。

誠然，語言天天在變，不可能說聖經沒有用的詞語或義項，我們就不可以用；有人認為：既然「釋放」在現當代已具「發出」的意思，似乎不應「食古不化」。但筆者要指出的，不是「釋放」不可以解作「發出」，而是要看清楚「釋放」後面的那個詞是否真的需要「釋放」。

于中旻說：「在教會中，有一些語詞，在習慣上使用的不大正確。圈子裏的人使用慣了，對之也許不覺得蹩扭；但在外人聽來，不但難以理解，甚且可能誤解。這樣以來，傳播交通抒情達意的目的就不能達到了。如果我們肯為別人著想，這些問題並不困難，而且也實在沒有固執不改的理由。」[10]「固執」的前提是「擇善」，如果真的是「錯」，實在是沒有理由堅持錯下去的——

「釋放+能量」指的是「發出能量」。推而廣之「釋放+信息」可以指「發出信息」、「釋放+動人力量」可以指「發出動人力量」；都通。只是問題在於：不是在「釋放」後面加上任何一個名詞都行。像「求主釋放祢的話語……」、「主啊，願祢釋放聖經中的話語……」一類的話，是把主的「話語」放在「釋放」之後，在這種情況下，「釋放」一詞不可解作「發出」——「發出話語」是「講話」的意思嗎？如果是的話，「求主釋放祢的話語」是否可以直接講成「求主發話」或「求主講話」呢？如果不是「講話」的意思；那麼，主的話何時遭受到「拘提、逮捕、羈押、拘束」而失去自由，竟需要我們在禱告中「求主『釋放』」呢？現代漢語的動詞與其賓語的搭配，既要受語法條件的限制，也同時要受語義因素的制約。

25

流行詩歌的「不可以不莊嚴」

Timothy Yiik 在〈古典聖樂聖詩之美——對中國教會敬拜詩歌使用的擔憂〉一文中提出個人對「流行詩歌」的一點點憂慮；所說不無道理。[11]

「流行詩歌」一般都節奏輕快，歌詞淺白而生活化，聽起來有如「吳儂軟語」，風格是很獨特的。問題倒不是好聽不好聽，而是基督教的詩歌是否應該都是這個風格？個人所接觸的「流行詩歌」，感覺上都像「流行情歌」，軟軟糯糯的「副歌」有時帶點奶油味，還要加「*」號「重唱」好幾遍——我留意的倒不是歌詞用語上的瑕疵，而是整首詩歌的格調。

說詩歌都是抒情，誠然不錯；但格調卻須注意。我們不妨以詩經為例，參考中國傳統詩歌的幾種主要格調。

詩經主要由風、雅、頌所組成。風是近於民歌的格調，活潑生動。雅是近於士大夫之作，文化氣息較濃，格調比較典雅。頌是廟堂之詩，用於祭祖祀國，格調莊嚴肅穆。基督教聖詩的當代發展似乎多傾向「風」的格調，一味活潑天真，平易近人；而格調近「雅」者相對較少，新撰聖詩鮮見文辭雅馴；而莊嚴肅穆如「頌」者，則寥若晨星。

聖詩創作者不妨在格調上多花心思，嘗試多創作一些莊重、肅穆、嚴肅、威嚴、穩重的作品。我們看聖經，當中有情意綿綿、深情款款又措詞優美的雅歌，也有沉雄真摯，措詞有力的詩篇。這一輩的聖詩作者應嘗試由古典聖詩入手學習，那一絲莊嚴的氣息才容易掌握。只把流行歌的寫法移植到聖詩創作上去，未必就好。

約翰．牛頓（John Newton）〈奇異恩典〉節奏舒緩，音調平穩；中文版本歌詞也很不俗，「四、四、六/四、四、六」的句組平均、平衡——「奇異恩典，何等甘甜，我罪已得赦免；前我失喪，今被尋回，瞎眼今得看見。」氣度與氣象都宏闊舒張。結句「在父座前」寫得真好，謙卑敬畏之情都能表達出來；如果換成了「牽著父的手」又或者是「擁抱著祢」等類近情歌的寫法，格調就不夠莊嚴了。「莊嚴」是莊重嚴肅之意，《朱子語類》卷八十七說：「人不可以不莊嚴，所謂君子莊敬日強，安肆日偷。」人固然要「莊嚴」才得體，至如文辭上的「莊嚴」，誠如元朝劉祁在《歸潛志》卷十中云：「蓋其文（指李欽叔的賦）雖格律稍疏，然詞藻莊嚴絕俗，因擢為第一人」，倘我們的詩歌都是「詞藻莊嚴絕俗」，神一定加倍悅納的。

26
從「説項」到「講耶穌」

香港人俗稱「講道理講得絮絮不休」者為「講耶穌」，例如老師語重心長地教導學生，頑劣的學生反唇相稽，說：「無咁得閒聽你講耶穌！」

有教友跟筆者談過這問題，認為這用語對耶穌不敬，並表示非常反感。

這是一個頗有趣的語言現象。一個人「講道理」講得令人感到煩厭（廣東俗語是「長氣」）而被人稱為「講耶穌」，那可能因為部分熱心的宣教士把教義講長了、講多了，於是有人借此以戲稱/貶稱其他「長氣」的人；把「講耶穌」用到負面的處境上去；愛主的教友對此反感，可以理解。但主內宣教手足，也可以此為鑑，宣教時務要精簡扼要，必要時還要把福音內容「縮龍成寸」，以免「耶穌」又再一次被人「講」。

唐代楊敬之十分看重項斯，贈詩云：「幾度見詩詩盡好，及觀標格過於詩。平生不解藏人善，到處逢人說項斯。」楊詩大意是說讀過項斯的作品，十分欣賞，及至見到項斯，覺得他的風度和氣質比他本人的作品更高更好，因此不願埋沒像項斯這樣的人才，凡見到朋人都會揄揚讚美項斯一番，希望大家都留意和重用項斯。後來我們用「說項」一詞借指替人說好話或講情。基督徒都愛主耶穌，同樣是愛到要「到處逢人說耶穌」的地步，那是聖靈感動而產生的動力，應該感恩；但如「說」而不得其法，一味絮絮不休的話，就可能會產生反效果——把「講耶穌」等同了「長氣」，就是一例。

要成功傳達信息並有效提高聽眾的聆聽動機，就要把聆聽者「嫌多」的心態變為「恨少」。有一年到旺角花墟逛年宵市場，那裏有一羣主內手足趁著年宵市場人多的好機會，在現場派發福音單張，傳神的信息。當時大部分遊人的目的都是逛年宵，根本沒有聽福音的心理預備和動機，那羣福音天使卻早訂下了策略似的，他們走上前向途人遞上小單張，微笑，然後輕聲說一句：「耶穌愛你」——這句精簡的話，有力、具體而貼切。

27

陰險絕倫，不必「無雙」

詩歌集《世紀頌讚》(香港：浸信會出版社，2001)第15首〈主為保障〉的首節歌詞是：「上主是我堅固保障，莊嚴雄峻永堅強；祂領導我安穩前航，助我乘風破駭浪。惡魔盤踞世上，仍謀興波作浪，猖狂狡猾異常，殘暴狠毒難防，陰險絕倫真無雙」；歌詞中的「無雙」在使用詞語的感情色彩上出現問題。

詞語的感情色彩，就是我們平時所講的一個詞語是褒義詞語、貶義詞語或者是中性詞語，它反映著使用者喜怒哀樂、或褒或貶的感情。上舉〈主為保障〉歌詞中講到惡魔的種種惡行，結語是惡魔真的是極之陰險絕倫；填詞者一方面要表達「極」或「非常」的意思，一方面又要兼顧押韻，因此用上「江陽韻」之中的「雙」字，把歌詞寫成了「陰險絕倫真無雙」。

查「無雙」一詞傾向正面色彩，帶褒義。如「舉世無雙」、「天下無雙」、「才貌無雙」、「國士無雙」、「蓋世無雙」。如《史記》〈李將軍傳〉有「李廣才氣，天下無雙」語例；「無雙」就是獨一無二、最卓越之意。那是說，「無雙」在搭配上應搭配正面色彩的用語；歌詞中講到惡魔陰險，是負面用語，不宜配之以「無雙」。

事實上，歌詞中「絕倫」一詞已圓滿地表達了惡魔陰險「極致」之意，實在不必再用「無雙」重複強調。「絕倫」就是到了極點的意思；如「荒謬絕倫」，大概不必強調為「荒謬絕倫真無雙」。

上舉語例，大概可以道出填詞之難。填詞者要顧及音樂韻調的元素，又要受句數字數的限制。要在歌詞中「暢所欲言」而又能做到詞句達意，殊不容易。若要改掉歌詞的「無雙」，先要在同一韻部找個合適的字，更要考慮新改訂的用語不宜重複「絕倫」的意思；確是費煞思量的。何西阿書四章 1 節說：「以色列人哪，你們當聽耶和華的話。耶和華與這地的居民爭辯，因這地上無誠實，無良善，無人認識神」；參考經文中「無良善」一語，若把歌詞修訂為「陰險絕倫真無良」（「良」字亦在陽韻），用「無良」一語總括惡魔的「興波作浪」、「猖狂狡猾」、「殘暴狠毒」和「陰險」，或可考慮。

28

前後呼應

目錄應與正文對應。目錄的名目與正文有出入，不利文獻流傳，在引用上也會做成不必要的誤會。

羅馬書全稱為「保羅達羅馬人書」，是由使徒保羅寫給當時在羅馬的教會的一封信。浸信會出版社出版的《和合本》(1989)，在目錄上有「羅馬人書」的條目。翻看正文，框外邊欄處卻作「羅馬書」；少了一個「人」字。說羅馬書全稱是「保羅達羅馬人書」，因此這書信合該稱為「羅馬人書」，都對；但互參保羅的其他書信如哥林多前書全稱是「保羅達哥林多人前書」、加拉太書全稱是「保羅達加拉太人書」——若準「羅馬人書」之例，則浸信會出版社出版的《和合本》在目錄上為何不統一作「哥林多人前書」、「加拉太人書」? 當然，在約定俗成的過程中，大家都知道目錄上的「羅馬人書」就是指「羅馬書」；應不會做成太大的問題。只是，既然已通行講「羅馬書」而正文亦稱「羅馬書」，倒不如乾脆把目錄上的「人」字刪去；好與正文對應。

再看詩歌集《世紀頌讚》第 359 段啟應經文，標題是〈順服與交託〉，這「託」字和目錄上的「託」字都用對，而且一一配對；但書眉上的小字卻作「交托」，與正文的「託」字不對應。「交託」是交給或託付之意，在某些義項如「托福」、「推托」確可與「託」字互通。《國語辭典》在「托」字詞條下有「辨似」說明，值得用正體字的同人留意：「托、託二字義本有別，托為用手掌承舉，所以『襯托』、『托腮』、『花托』等詞皆用『托』字。託為寄的意思，所以『寄託』、『委託』、『託孤』等詞皆用『託』字。今則因二字音同形近，所以『寄託』或作『寄托』、『託兒』或作『托兒』；究其本義，都以作『託』為宜。」再看「託」、「托」二字在內地簡化字系統中，給視為一組異體字；「托」是簡化字系統中的選用字，因此國內只用「托」，淘汰了「託」。那是說，《世紀頌讚》用「托」還是用「託」也許不全是對不對的問題，而更重要的是正文與書眉是否統一的問題；《世紀頌讚》的編者宜加注意改訂。

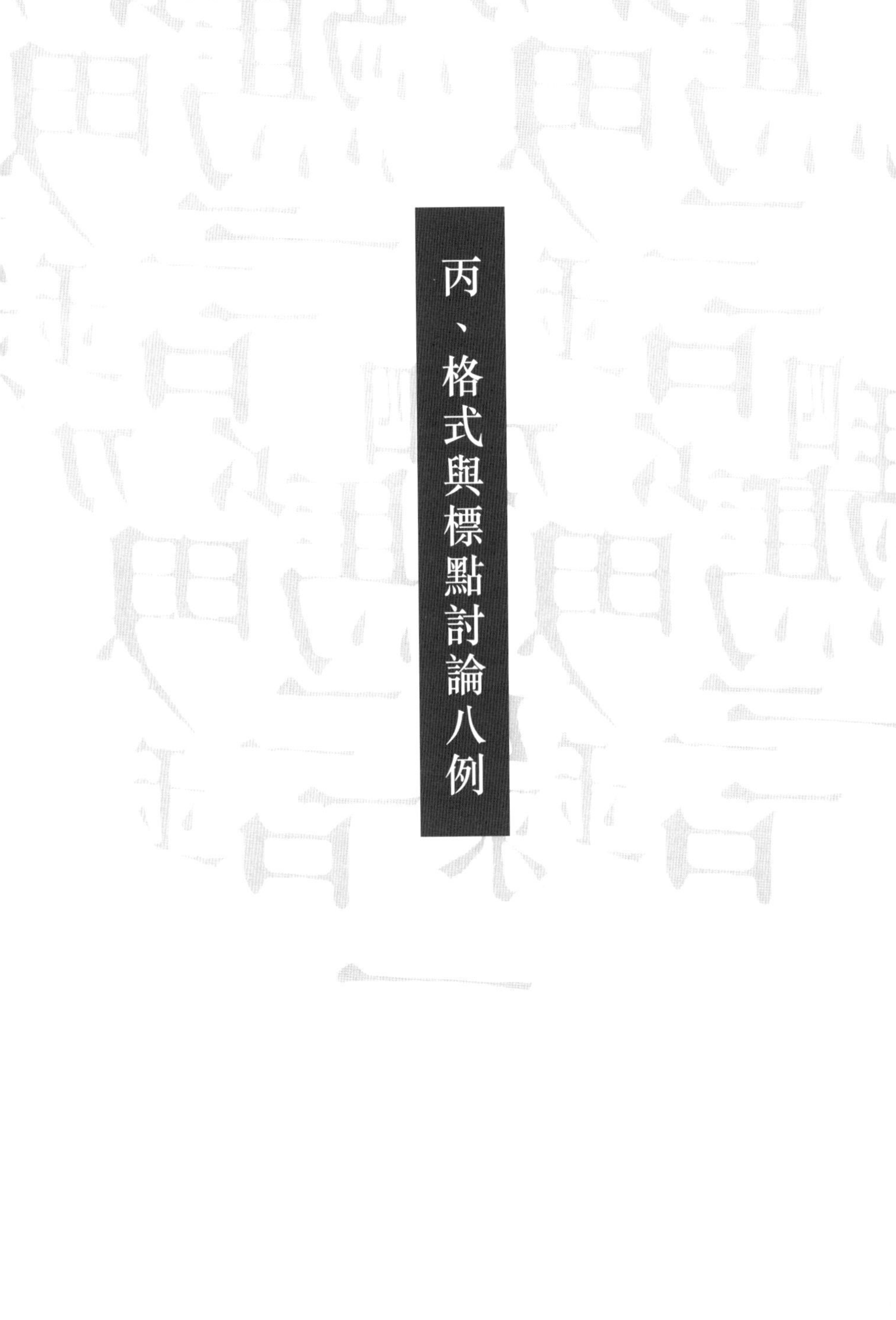

丙、格式與標點討論八例

29
聖經中的章與節

聖經分章分節，在引錄時，較常見有以下四種形式：

A. 中文式：如「十四章三節」

B. 阿拉伯式：如「14 章 3 節」

C. 混合式：如「十四章 3 節」或「14 章三節」

D. 符號式：如「14：3」

如果行文是直排的話，似乎是採用「A」式較合理，問題是行文橫排時，又應如何選擇呢？

筆者建議行文橫排時統一採用「D」式。「符號式」的好處是簡明清楚，不易混淆；前章後節，井然有序，章與節之間用「：」分隔，在書寫時也十分簡便，在電腦鍵盤上也可以直接鍵入，不必作特殊字符處理。四種形式中以「C」式最不好，應該儘量避免採用。

符號式的表述方式還有一個優勢，就是在電腦中作處理時，電腦內置了「避免分割」的功能，那是說，當某個數字在輸入時已近行末的話，電腦的內置功能會作出字距的微調，儘量把整個完整數字安排在同一行之內；以一行三十四個漢字為準，行末約十個半形數字符可以安排放在同一行，避免數字因分行割裂而產生誤解。但現時電腦的相關內置功能則未概及中文數目字，因此，如鍵入「十四章」三個字時，「十」字剛巧在行末的話，整個用語就會給分行處理，割裂為「十/四章」；這情況在牧者的講章中應儘量避免，因為牧者一邊看講章一邊講道，在瀏覽講章時容易「口快於眼」，衝口而出者可能是「報錯數」。

此外，無論採用哪種表述形式，都應要求做到「同一教會內統一」，不宜在同一教會內的崇拜單張用「A」式，查經班或主日學用的講義又另取「D」式；如這樣的話，教友莫衷一是，容易產生不必要的混亂。

30

聖經的版面與編排

中國的宋版書刊印精美，裝潢考究，是中國文化的瑰寶。中國收藏家協會書報刊收藏委員會副祕書長秦傑曾經說，一看到宋版書就有下跪的衝動！我常想：聖經的內容固然好，但如果聖經在印刷和裝潢的水平上可以像宋版書一樣——使人「一看到就有下跪的衝動」；那多好。

現時大多數禮拜堂都仍然採用《和合本》，這版本釘裝結實，而書口刷紅，亦頗為美觀；黑色硬書面予人極佳的「手感」，一「經」在手，就感到很有份量似的。

這種《和合本》，實用而流行，平平實實，直排文字外套以黑欄框，看起來帶點古色與古香。但美中不足之處是字體太細，而且整頁中間沒有上下中分的橫欄，行太長加上行距字距都密不容針，讀起來不但吃力，而且容易「越軌跳行」；加上是傳統的直排，不利於速讀和長時間閱讀。原文中偶有的雙行夾註小字，比原來的正文字體還要細近二分一；如今老眼昏花，望字生畏。

古人印書，大都是字大行疏，宋版書尤其字行疏朗，十分悅目。今人印書，卻多是字小而行窄。今天的印刷條件和相關技術都進步不少，但書籍印刷在參考或借鑒古書古籍的優點上，卻似乎不多。廣東俗語云「雞乸咁大隻字」，語屬誇張，但估計這樣的「雞乸大字」一定清清楚楚。字體太過小巧但又未必玲瓏，一眼望去好好的一部聖經給「縮印」成古時科舉試場中壞鬼考生的「夾帶」(即俗語所謂的「貓紙」)，讀聖經錯覺以為是在「偷偷看」、「偷偷望」，殊不愜意。

聖經內文作橫排的話，好處是把每行的長度縮短，並且符合人類眼睛左掃右顧的習慣，是便於瀏覽的。字距和行距若調節得疏寬一些，讀起來也就更覺順當了。上文提及的那種《和合本》，是舊約與新約的合刊本，但舊約與新約頁碼卻不順連；新約的首個經卷是另由「頁一」重新開始排頁次。若統一頁碼順序而下，似乎更便於翻檢和引用。再者，頁碼若統一改用阿拉伯字符，搜尋時就更準確也更有效率了。

31

詩篇的單位量詞

關於聖經分章分節，筆者曾建議在橫行書面表述時，應統一採用「符號式」，如「14：3」代指「十四章3節」；前提其實是假設讀者能把放在「：」前的數字理解為「章」，把放在「：」後的數字理解為「節」。倘若沒有這個約定俗成的默契，就有可能出現「14點零3分」（時間表述）、「14比3」（賽果積分表述）等不同的理解。當然，在教會中大家都容易建立語用上的默契，因此，如果有教友把「創世記14：3」讀成了「創世記14點零3分」，那一定是説笑的可能居多。

值得我們留意的，是聖經中各經卷的單位量詞不一定全是「章」和「節」。在新舊約的經文中，詩篇就是例外。

詩篇習慣上使用的單位量詞是「篇」和「節」，例如「詩篇14：3」是「詩篇十四篇3節」的意思，而不是指「詩篇十四章3節」。當然，我們單從理解上去講，無論是「篇」也好，是「章」也好，都是指稱給完整分出來的獨立區段，但若從中國人語用習慣的角度去講，就要字字斟酌了。

「章」是計算書、文等段落的單位。如「全書共分三十章」。而「篇」的用法有與「章」少異，「篇」是計算文章或詩作的單位。如：「一篇小說」、「詩三百篇」。《三國志》〈王粲傳〉：「著詩、賦、論、議、垂六十篇」，是以「篇」作為文章的單位量詞。杜甫的〈飲中八仙歌〉「李白一斗詩百篇，長安市上酒家眠」中的「篇」，則是用作詩歌作品的單位量詞。因此，教友不能一成不變地「逢經必章」，常識上最起碼要知道：詩篇的第一層單位量詞是「篇」，不是「章」。

32
「廿」與「卅」

談到聖經章節的標示數字的相關問題，還有一種「中文合寫數字」的方式，也值得討論。

比如「廿一章」或「卅一章」中的「廿」和「卅」，都是合寫數字。「廿」是二十的意思，「卅」是三十的意思。採用合寫數字可以省寫一個漢字，較為便捷。傳統中國日曆的日月紀年很多時都採用合寫，看起來倒也親切。「廿」和「卅」既是合寫字又是合音字。「廿」字是把「二」和「十」快讀合音作 je6（夜）或 jaa6，「卅」字是把「三」和「十」快讀合音作 saa1（沙）。

早在〈泰山刻石〉上就有「皇帝臨立，作制明法，臣下脩飭，廿有六年」的記錄，已用「廿」字。王羲之〈雜帖〉亦有「建安靈柩至，慈陰幽絕，垂卅年」的句子，當中就用上了「卅」字。那麼，如果用合寫數字來標示聖經的章節，遇上比「卅」更大的十單位數的話，又應怎樣寫呢？事實上，超過「卅」的十單位數合寫字還有一個少人會用或知道的「卌」字，《廣韻》云：「卌，說文云：『數名』，今直以為四十字。」原來就是「四十」的合寫，其讀音是把「四」和「十」快讀合音作 se3（瀉）。這個「卌」字筆者只在寫詩時用過一次——「卌年師鐸振南陬」；因榮休的教授教學已四十年，但七字句字數有限，省得一個字便是一個，因此才用上了「卌」字。

聖經採用合寫數字標示章節是否可行呢？我們也許可以這樣考慮：在眾多的「十單位」數詞中，只有二十、三十和四十有合寫式的數字，充其量只能省到「四十」，如果遇上「五十」、「六十」或更大的數詞時，就沒有合寫式可以代換，終於是做成不一致的蕪雜情況；因此，採用合寫數字似乎應該避免。傳統中國日曆的日月紀年倒不會出現不一致的蕪雜的問題，因為以「月」紀年為單位，「月」的下層單位是「日」；一個「月」會有多少「日」呢？總不會用得上「四十」或「五十」吧。

33
「引」出兩個問題來

橫排本的聖經中，使用引號有兩種情況，其一是直排行文常用的曲尺形引號，即「 」，其二是西式引號，即“ ”。如果問哪一種才是「正式」，那要看用的是哪個地區的標準，倘若參考中國內地《標點符號用法》(1990)，則標準用法是“ ”。但實際上，國內的標準在香港似乎不大通行，香港中小學的中文教學中，教學生用的引號，都採用「 」；教科書多如此，手寫體也如此。

「 」的好處在於橫直(行文)兩可，而“ ”則只適用於橫排行文。以聖經為例，橫排行文在決定採用哪種形式的引號時，不妨多作一些考慮：其一，考慮儘量減少橫排與直排間會出現的不必要之「差異」，儘量求同而不求異，無論在橫排或直排的行文中，爭取統一保留使用「 」。其二，在引文中再出現引文的情況下，「 」與『 』在視覺上的明確度較‘ ’與“ ”要高，讀者更易於辨識，減少不必要的混淆與誤讀，下面且以《和合本》馬可福音七章 6 至 8 節為例：

耶穌説:「以賽亞指著你們假冒為善之人所説的預言是不錯的。如經上説:『這百姓用嘴唇尊敬我,心卻遠離我。他們將人的吩咐當作道理教導人,所以拜我也是枉然。』你們是離棄神的誡命,拘守人的遺傳。」

對比以下的例子看看效果又如何:

耶穌説:"以賽亞指著你們假冒為善之人所説的預言是不錯的。如經上説:'這百姓用嘴唇尊敬我,心卻遠離我。他們將人的吩咐當作道理教導人,所以拜我也是枉然。'你們是離棄神的誡命,拘守人的遺傳。"

耶穌引用經文的一段「引文」夾附在他本人的話語當中,運用引號是要清楚區分耶穌本人的話與經上的話,但由於' '筆畫不夠醒目,特別在一些「細字」版本的聖經中,更不便瀏覽,也就更容易做成誤讀或誤解。

接著談談聖經中引文中再引文的「單引號」和「雙引號」的使用原則。引文中再出現引文,那是指「第一層引文」和「第二層引文」;以下仍以馬可福音七章6至8節為例:

耶穌説:「以賽亞指著你們假冒為善之人所説的預言是不錯的。如經上説:『這百姓用嘴唇尊敬我,心卻遠離我。他們將人的吩咐當作道理教導人,所以拜我也是枉然。』你們是離棄神的誡命，拘守人的遺傳。」

上例中耶穌的話是「第一層」，而耶穌在話語中引用的經文則是「第二層」，為了分別清楚，「第二層」引文採用雙引號以清眉目。不過，這種「先單後雙」的原則卻非鐵律，以中國內地的重點報章《人民日報》為例，該報使用引號在八十年代是「先單後雙」(跟上例的使用法一致)，但到了九十年代則改為「先雙後單」。按照近幾年國內小學語文教學中的規範標準，無論橫行文稿還是直行文稿，漢語都以雙引號為引號的基本形式；即是「先雙後單」，仍以《和合本》馬可福音七章6至8節為例：

耶穌說："以賽亞指著你們假冒為善之人所說的預言是不錯的。如經上說：'這百姓用嘴唇尊敬我，心卻遠離我。他們將人的吩咐當作道理教導人，所以拜我也是枉然。'你們是離棄神的誡命，拘守人的遺傳。"

或作：

耶穌說：『以賽亞指著你們假冒為善之人所說的預言是不錯的。如經上說：「這百姓用嘴唇尊敬我，心卻遠離我。他們將人的吩咐當作道理教導人，所以拜我也是枉然。」你們是離棄神的誡命，拘守人的遺傳。』

如果要在當中作選擇，筆者會在使用「」的前提下，考慮採用「先單後雙」的標準。理由是第一層引文的使用率一定較高，而考慮到人們在書寫時，寫單引號「」一定比寫雙引號『』更為便捷，因此建議採用「先單後雙」；即以單引號為引號的基本形式。

34

沒有「底線」的耶穌

博客「文志靡開」在二〇〇七年某天提及《大公報》上「國務院任命鄧竟成為警務處長」一句標題，博客主人認為由於「鄧竟成」名字下沒有用上專名號，令句子產生歧義：「竟成」一詞帶出了「不屑」的意思。[12]

專名號的書寫形式為一直線，用於專有名詞，如國名、地名、人名、朝代名等。亦稱為「私名號」。專名號在現代的中文書刊已極少使用，但在台灣和香港的中文教科書、部分電視或電影中文字幕中仍然保留使用。筆者讀書的年代老師還教用專名號的。老師在課上舉例說「明天要上學」跟「明天要上學」是兩個意思，證明專名號在表情達意上的功能；倒也有趣。

何永清在《現代漢語語法新探》也談到專名號，他認為日常報刊不用專名號，是為了講求印刷效率，也有道理。事實上，新譯的多種版本聖經都已沒有專名號的影蹤。在有和無的對比下，益發使我欣賞《和合本》譯者在運用標點上的縝密心思——

筆者手頭常翻的一冊聖經是一九八九年版的《和合本》，我特別留意書中專名號的用法。如果您細心翻一下，您會發現，書中的人名都有「底線」(專名號)，而「耶穌」一詞之下，卻沒有專名號。

這情況倒也特殊，但細心一想，也有道理。

耶穌的名字下若加上了專名號，那是表示「耶穌」是人名，這樣倒容易引起不必要的異端想法，因此省去專名號，省事且合於教理。聖經中有好幾個特殊名詞都不用專名號，如「神」、「耶和華」、「基督」;「神」、「耶和華」、「基督」不用加專名號的原因，似乎很容易理解。我們按同樣的思路去理解「耶穌」「沒有底線」的原因，似乎就很明白祂的身分了。

如果上述的分析可以成立的話，我們看馬太福音一章21節:「她將要生一個兒子，你要給他起名叫耶穌，因他要將自己的百姓從罪惡裏救出來。」天使預言的那個孩子的名字，因為都沒有加上專名號，讀者就更能在暗示中明白「孩子」的特殊身分了。

35
聖經與《聖經》

小時候戲稱舊式的「書名號」是「蛇仔」，因為舊式「書名號」的形式是波紋形的曲線，用來標明書名、篇目、歌曲名、影劇名或報紙、雜誌的名稱；直行標在字行左旁，橫行則在字行之下。若遇上長長的書名或篇名時，這條「蛇仔」就要不停伸長。記得當年抄李白詩，其名作「宣州謝朓樓餞別校書叔雲」在抄寫時要一「蛇」到底，甚為不便。時至今日，中文標點已採用書名號《 》或〈 〉代替了「蛇仔」，類似上文講到的「一字長蛇」，已然絕迹多時。

談到書號或書名號，倒讓我重新思考「聖經」這個詞是否要外加《 》作《聖經》。

在書籍或網絡上讀到的文章或不少牧者的講章，據個人觀察所得，當提及「聖經」一詞時，用書號與不用書號者「勢均力敵」。事實上，如果某個書名在不使用書號而又不產生「歧義」的情況下，應可斟酌採用。如我國名著《紅樓夢》，如果這書名與別的詞語相搭配的話，不用書號也不致於出現歧義，如「紅樓夢研究小組」，就不必一定要作「《紅樓夢》研究小組」。至於中國名著《史記》，最初無固定書名，或稱《太史公書》，或稱《太史公記》、《太史公傳》，也簡稱作《太史記》。查「史記」一詞，本來是對古代史書的通稱，《史記》卷四十七〈孔子世家〉有「乃因史記作春秋，上至隱公，下訖哀公十四年，十二公」的話，「因史記作春秋」中的「史記」，就是古時史書的通稱。杜預〈春秋左氏傳序〉「春秋者，魯史記之名也」一語可證。打從三國時期開始，「史記」一詞才由對史書的通稱逐漸成為對司馬遷《太史公書》的專稱。因此，今天我們在書面上提到司馬遷的「史記」，就要加書號以資分別。

查「聖經」一詞，在漢語中最少有兩個解釋：其一是指一切聖賢所著的經典。且多指儒家奉為典範的著作。如《新唐書》中「自孔子在時，方脩明聖經以絀繆異」一例可證。「聖經」在漢語中的另一個意思當然是指基督教的新舊約經典。在要求表達精準的前提下，筆者建議若表達「基督教的新舊約經典」這個意思時，例如論文、講章、見證文章、宣教單張、研經書籍、書面禱文；都應採用外加書號的《聖經》。至於著名的「國際聖經協會」，英文名稱是「International Bible Society」，其大楷字母「B」已表明是書籍或專著，信息清楚；若譯為中文的話，又應否譯成「國際《聖經》協會」呢？這問題值得深思。

國內小學語文科範文〈威尼斯的小艇〉中有這樣一句話：「莊嚴的老人帶了全家，夾了聖經，坐著小艇上教堂去做禱告。」有學生在網絡上提問，說《聖經》是一部書，這裏為甚麼不使用書名號呢？「小學語文網」「教材答疑」欄的主持「令怡」回答：「課文中說『夾了聖經』，是籠統的說法，是說夾了聖經一類的書，並非確指哪一本聖經，因此不加書名號。」[13] 那是說：如果講的是一部專書（如新舊約《聖經》），就應該加上書號了。

36

福音書法

中國人向來重視書法，書法藝術已成為中國文化的重要組成部分之一。

有教友嘗試融合書法與福音，在古雅素白的箋紙上用毛筆抄寫聖經中的金句，讓「好此道者」可以把一軸「福音藝術品」掛在房子裏，既可透過欣賞書法而陶冶性情，又可以透過多看聖經中的金句而修養性靈，可謂一舉兩得。

中國傳統書藝，在條幅或聯箋上多抄寫詩詞歌賦，現在我們嘗試在書法中融入「金句」，筆者覺得很有創意，這做法值得嘗試和鼓勵。只是傳統書法有其「傳統」，似乎還應了解一下。

中國古代文書一般不加標點符號，而是通過語感、語氣助詞、語法結構等斷句；寫詩也好寫文章也好，都是一字接一字，不會用標點分隔詞句的。我們看王羲之、顏真卿、唐寅、徐文長的書法作品，都不會在字詞句之間看到「標點」的。書法講求字與行要氣脈連貫，沒有標點，寫起來就更流暢而順心。現代書法大家如沈尹默、謝無量、馬一浮，其人雖已淡入了十九世紀的「標點時代」，但所寫的書法作品（毛筆書法），都不會加寫標點符號的。

當然，凡事都有例外。五四新文學運動中的主要人物胡適，書法筋肉勻稱，柔韌有力，十分好看。胡適的部分書法作品，卻會加上圈號逗號，但看起來終覺刺眼，比起他那些不加標點的書法作品——加上標點的反覺遜了一籌！由中華民國書學會、淡江大學合辦的「金鵝獎」書法比賽，其「參賽須知」中也訂明「不需加標點符號」的。

筆者認為，寫「福音書法」時應保留書法的傳統，不必在詞句間加標點。加了標點的條幅作品，掛起來總像「街招」、像「海報」，就是不像「書法」。為了清楚明確而加標點的話，倒不如把金句中各字用電腦放大再彩印，配個鏡框掛牆去。若追求用美的效果、傳統的書藝氣氛去配合福音金句的吸引力，則不要把福音書法作品變成另類的「大字報」。

如果在書法作品中遇上那枚「感歎號」或「問號」的話，那就更叫人哭笑不得了。

丁、譯筆討論十一例

37
「聖書」與「聖經」

為紀念馬禮遜來華二百週年，新加坡聖經公會在二〇〇七年複印一套共二十一部的馬禮遜珍藏版中文聖經《神天聖書》;「聖書」其實就是「聖經」，由稱「書」變成稱「經」，倒也有趣。

談到我國舊日書籍的分類，先是晉荀勖分為甲乙丙丁四部；唐以後，經史子集四部的名稱及次序始定。「經」包括經籍及小學，史為史書，子為諸子，集為詩文、詞賦或圖贊。

織布機或編織物上的直線，稱為「經」。《說文解字》云：「經，織從絲。」劉勰《文心雕龍》〈情采〉云：「經正而後緯成。」因此由「經」字派伸出來的義項，大多與「正」、「常」或「必要」、「重要」有關。

在中國人的文獻分類概念中，所謂「經」其實是指該文獻具「崇高的地位」; 因此，嚴格上來說，傳統的經、史、子、集的四分項目，是不對等的分類。因為史、子、集三項是以內容形式為分類標準，而「經」卻是以「地位」為分類準，因此不能算是客觀而科學的劃分。例如《論語》和《孟子》列入「經」，而《荀子》、《莊子》等文獻卻歸類入「子」；其實《論語》和《孟子》在性質上都是「子」書類，只因這兩種文獻在中國儒家文化中地位非常特殊，因此列入了「經」部。蕭敬偉在〈甚麼是經史子集〉中也提出過「經、史、子、集這種圖書分類法，其實有不少不合理的地方，例如經部的圖書，實際上包括哲學、歷史、文學、語言文字學等性質」[14] 的看法，當然，誠如蕭氏結論所言——「這種『四分法』在古代中國沿用了一千多年，當中不但反映了古代書籍的流傳和發展，而且也透露了古代學術、文化的源流和演變，因而仍然值得我們予以重視」。[15]

「經」的意思是指有特殊價值，被尊為典範的著作。如：「四書五經」、「十三經」。《荀子》〈勸學〉「始乎誦經，終乎讀禮」的話可證。因此，把「聖書」稱為「聖經」，似乎是要透過「經」的概念，強調神的話語之特殊地位與其崇高價值。

「經」的義項頗為複雜，例如跟賭博這不良嗜好有關的所謂「狗經」和「馬經」，又如喜歡足球的朋友聚在一起便「大講『波經』」——上舉的「經」，則是指一些提供某專門資訊的書籍或內容，當然不是與「史、子、集」並列的那個「經」了。

38
「諸天」與「太初」

「諸天」一詞，於佛教典籍中泛指的是三界二十八天（一說是二十四天）。中譯本的聖經也用「諸天」一詞，如詩篇十九篇：「諸天述說神的榮耀；穹蒼傳揚他的手段。」（1 節）

創世記一章云：「起初神創造天地」，經文中的「天」字英文《新國際譯本》（New International Version）、《新美國標準譯本》（New American Standard Version）和《新英王詹姆斯譯本》（New King James Version），都譯為複數式；那確是含有「諸天」的意思。正如王生台在《新舊聖經恢復本》中譯創世記一章就直接把《和合本》的「天地」譯為「諸天與地」；俞建霈在〈起初神創造諸天與地——從「天」看舊約聖經的翻譯〉一文中也有詳細的分析。但俞建霈提出「中文原來沒有『諸天』這個詞，但有七重天的說法。『諸天』這詞看來應是和合本翻譯委員會引進中文的」的看法，則有商榷餘地。[16]

查《全唐詩》中，有三十句詩以「諸天」一詞構句，內容都跟佛教或道教有關，無一例外；可見自中古以來，「諸天」一詞已是佛道的專用詞。杜甫〈山寺〉有「諸天必歡喜」之句，與不空和尚中譯的《佛說雨寶陀羅尼經》的「諸天悉歡喜」句意措詞相仿。查啟示錄十二章有「所以，諸天和住在其中的，你們都快樂吧」(12節)的講法，表達方式與措詞用語都非常「地道」。

聖經中譯本譯者因方借巧，把聖經中講及「複數天」的概念譯為「諸天」，不但膽大，而且心細。

說「膽大」，是基督教與其他宗教用語本不應相混，在聖經譯文採用一個中古以來即為佛道文獻所專用的用語，其「文膽」可謂不小！說「心細」，那是譯者先沒有自設不必要的語用樊籬，在仔細琢磨中採用與原文詞意最接近的「諸天」為中譯定本，中國讀者讀起來一點都不覺陌生，反覺通順而貼切。

復如「太初」一詞，在道家哲學中代表無形無質，只有先天一炁，那是「比混沌更原始」的宇宙狀態。與太易、太初、太始，太素、太極並稱為「先天五太」，是無極過渡到天地誕生前的五個階段之一。《列子》云：「太初者，始見氣也。」而創世記一章就有「太初，神創造天地」(1節)的話，譯語並不生僻，且具中國文化氣息，效果是很不錯的。

39
「羔羊」的本色

根據利未記所載，若有人犯了罪，需找一隻沒有殘疾的羊羔為供物，表示個人因罪而要受的懲罰由羊代受。「代罪羔羊」或「替罪羔羊」(筆者按：指祭物的應作「羊羔」) 成為了成語，用來比喻「代別人受過受罪的人」。當我們今天説「他只是代罪羔羊罷了」，話中往往附加了「無辜」的意思。不少主內同人在讀經時，因為受「代罪羔羊」這成語的某些附加意義所干擾，加上新約都以「羔羊」喻耶穌，耶穌無辜為世人的罪上十字架也是事實，於是有人把這些想法或理解都遷移到舊約的經文去，利未記五章 5 至 10 節：

> 他有了罪的時候，就要承認所犯的罪，並要因所犯的罪，把他的贖愆祭牲——就是羊羣中的母羊，或是一隻羊羔，或是一隻山羊——牽到耶和華面前為贖罪祭……他的力量若不夠獻一隻羊羔，就要因所犯的罪，把兩隻斑鳩或是兩隻雛鴿帶到耶和華面前為贖

> 愆祭……從鳥的頸項上揪下頭來，只是不可把鳥撕斷，也把些贖罪祭牲的血彈在壇的旁邊，剩下的血要流在壇的腳那裏；這是贖罪祭。他要照例獻第二隻為燔祭。至於他所犯的罪，祭司要為他贖了，他必蒙赦免。

當讀到上述經文時，理解焦點往往容易轉移到「母羊」、「山羊」、「羊羔」、「斑鳩」、「雛鴿」等祭物上去，再順理成章地，由一場贖罪的祭典轉移視線到「無辜的動物」或「動物也有生存權利」等所謂「平等」、但與贖罪祭本身無關的邊沿問題上去。

主內同人在釋經時，就要特別注意要「以本色釋經」，而不應、也不可從「俗」；否則差之毫厘，謬以千里。在這裏還要補充說明，閱讀經文時要好好控制「遷移路向」。學習或理解過程中，若既有的知識令進行中的學習或理解向負面遷移，則是既有的知識防害、阻礙了新的學習，這就是「聰明反被聰明誤」的例子。像上舉利未記的經文，部分讀者因為受了「愛護動物」概念的干擾，把這段經文的「贖罪」焦點向負面遷移，終於是違離了經文的原意而得出不對焦的理解。正如極端婦解分子在讀聖經時只關注為何只有「天父」而沒有「天母」的問題，卻忘了好好理解創世記一章說：「神說：『我們要照著我們的形像、按著我們的樣式造人』」——意思是：男女都是按著神的形象而造。

40
「羔羊」與「羊羔」

王一鳴在〈詞序顛倒語意大變〉一文中說：「說話、作文，說到底是在遣詞造句。一句說（話）中的字詞的排列循序至關重要，它涉及到語意表達是否準確；如果詞序顛倒，語意往往迥然不同」，[17] 王氏之言很有道理。語序亦稱為「詞序」，是詞在詞組或句子裏的前後排列次序。詞序的變動往往使詞組或句子產生不同意義，如「蜜蜂」和「蜂蜜」都由「蜜」和「蜂」兩個字組合而成，但詞序「AB」和詞序「BA」就表達了不同的意思。

在日常的語用習慣中，大家對「羔羊」一詞不感陌生，倒過來對「羊羔」的講法卻感到有點怪怪的。部分主內同人有時為了方便或「自然」一點，又或者誤以為兩個詞都是一樣意思，都講「羔羊」而不講「羊羔」了。但若細心讀經，你會發現《和合本》中既有「羔羊」一詞，又有「羊羔」一詞。

查《和合本》，舊約只見「羊羔」，並沒有「羔羊」。「羔羊」只出現在新約的經卷中。再查中文詞書，「羔羊」可偏義指「小羊」，或同時指「小羊與大羊」。《詩經》〈召南〉〈羔羊〉：「羔羊之皮，素絲五紽。」《傳》云「小曰羔，大曰羊」一例可證。至於「羊羔」呢？則只指「小羊」。《齊民要術》卷六〈養羊〉有「羊羔乳食其母，比至正月，母皆瘦死」的記載可證。

《和合本》新約經卷中出現了三十二次「羔羊」，都用來比喻或象徵耶穌基督，從不用來實指祭壇上的祭物；譯筆非常統一。而《和合本》舊約經卷中「羊羔」一詞出現了百多次，都是實指為「動物」或「祭物」；而且舊約經文多次提及「一歲的羊羔」，這大概可以證明，《和合本》的譯者，是很有意識地使用「羊羔」這個詞去特指、定指、專指作為祭物的「小羊」，這跟旁證《齊民要術》的講法也相符。那麼，新約中使用的「羔羊」是指小羊還是大羊呢？這問題我們還得再仔細研究，但可以肯定，無論是指小羊還是大羊，在新約中的「羔羊」都不指實物。

有了以上的認識，主內同人似乎不應把「羔羊」和「羊羔」混為一談。特別講及具體獻祭儀式或談及祭物名稱時，都應準確地用「羊羔」一詞；不宜混淆概念。

《現代中文譯本》把舊約中「羊羔」譯作小綿羊、綿羊或羊，在新約中則保留了「羔羊」這重要的喻體；譯筆大抵不錯。只是《現代中文譯本》在創世記二十二章 7 節中「以撒問：『火種和木柴都有了，獻祭的羔羊在哪裏呢』」一句，不知何故不循前例。《現代中文譯本》在以撒的對話中沒有統一使用「小綿羊」，而竟採用「羔羊」（象徵耶穌基督）取代《和合本》的「羊羔」（祭壇上的祭物）；對這一句的譯法，個人未敢苟同。

41
「信」、「達」、「雅」

一八九八年民國翻譯名家嚴復在其譯論名作《天演論》的〈譯例言〉(上海：商務印書館，1934)中提出了「信、達、雅」之説，為翻譯定下了重要的原則。嚴復説：「譯事三難：信、達、雅。求其信已大難矣，顧信矣不達，雖譯猶不譯也，則達尚焉。」信是忠於原意，不失本真；達是具體達意，傳意力強；雅是文詞雅馴，文辭流暢。現代著名文學家郁達夫説過：「信、達、雅的三字，是翻譯界的金科玉律，盡人皆知」。

基督教的護教天王、偉大的牛津人、著名神學家魯益斯(C. S. Lewis)，每一部著作都極具份量。魯益斯著作的中譯本，譯筆水平一般都不弱，單就其著作的中譯名稱而言，已使人心神俱醉。

魯益斯的 *The Four Loves* 中譯為《四種愛》，平實而準確，譯筆可謂語無增減，好的譯筆不一定要賣弄花巧，《四種愛》就是一例。魯益斯另一部名著 *Mere Christianity* 中譯為《反璞歸真》，近於意譯，若直譯為「真正基督教」或「基督教真面目」，則有點殺風景之嫌了。反璞歸真意指回復到本初的質樸境界，詞意與 *Mere Christianity* 相仿，譯筆不即不離，極具心思。魯益斯悼亡之作 *A Grief Observed* 一書書名中譯為《卿卿如晤》，則尤為神來之譯筆。

「卿卿」是古時男子對伴侶或妻子的昵稱，「卿卿如晤」是中國傳統丈夫寫信給妻子時的常用的套語，意思大概是「親愛的，我們像面對面談話一樣」，用以表示親切和想念之情。《卿卿如晤》是魯益斯在愛妻逝世後寫的悼亡之作，主題既以愛妻為主，中譯書名是「卿卿如晤」，真的是貼切不過，而且也譯得十分優雅。詩人郭沫若亦云：「信達之外，愈雅愈好。所謂『雅』，不是高深或講修飾，而是文學價值或藝術價值比較高。」「卿卿如晤」可為一證。

事實上，「卿卿如晤」這個中譯書名也隱含典故：黃花崗起義烈士之一的林覺民先生，在起義前夕給妻子林意映寫了一封訣別書，就是著名的〈與妻訣別書〉。〈與妻訣別書〉寫盡了夫妻間生離死別之情，哀感動人；而〈與妻訣別書〉開首的第一句話，正是「意映卿卿如晤」。

42
代名詞之謎

「代名詞」是指用來代替名詞的詞。如我、此、誰、者、它等，分人稱代名詞、指示代名詞、疑問代名詞、連接代名詞四種。聖經中對神的代稱該統一用「他」還是用「祂」，不少教友或學者都談論過這問題。若代名詞的問題進一步擴展到對耶穌的代稱，問題就更為複雜了。若用「他」代稱耶穌，則「神」格似乎是在文字表述中顯得淡了一些。若用「祂」，則耶穌死在十字架上的事實又可能會引起「神死論」的異端說法。

其實，中文用詞既然已有特指神的代名詞「祂」，不妨使用。耶穌道成肉身，是人又是神；權衡之下，應該用「祂」以表明耶穌的本質和身分，並表明聖經的敘述者對耶穌的「理解」。問題是有人憂慮在某些特別的語境下不知如何判斷，又或者因用了「祂」而授「神死論」者有建立異端的藉口。

關於某些特別的語境下不知如何判斷的情況，我們不妨以實例作說明。以賽亞書七章14節：「因此，主自己要給你們一個兆頭，必有童女懷孕生子，給他/祂起名叫以馬內利」，經文中的「他」或「祂」，是否可以直接承接上文，逕用「孩子」一詞取代？

如怕引起「神死」的誤讀，也不妨看看使徒行傳二章29節：「弟兄們！先祖大衛的事，我可以明明地對你們說：他/祂死了，也葬埋了」，經文中的「他」或「祂」，又是否可以逕用「耶穌」一詞取代呢？

異端之所以能成為異端，主要原因是人們太把所謂的異端看成是一回事，還要認真地用異端定下的討論標準和選項去展開討論和作選擇，弄到疲於奔命，有時更是弄巧成拙。像把「祂（耶穌）死了」解讀為「神死」的異端看法，真的是近乎明清兩代的「文字獄」——幼稚而無理，堪發一笑。提出這種看法的，徹頭徹尾是否認或不了解三位一體的神學觀念。信仰前提不同，加上語言表述有其必然的局限，你無論用「他」也好用「祂」也好，都一定會有異端出現。

《和合本》的譯筆已非常小心，看馬可福音四章記載耶穌平定大風浪，隨行的人「彼此說，這到底是誰」，譯文中用「這」不用「他」。人稱代名詞的問題是部分解決了，但「疑問代名詞」「誰」卻又暗示了「人」的意思。難道要把這話譯成「這到底是甚麼」才算及格？任何國族的語文都有局限，差別只在於局限之大小，使用中文就應知道中文本身的局限，不要把語文的局限錯誤地視為「神」的局限。

43
假傳聖旨

異象（Vision）是聖經中一個常見的詞彙，指一種從天上來、特別的感悟、啟示和引導；意思相似於聖經中的「啟示」或「默示」等詞。

專欄作家李瑞木在〈從「異象 Vision」談聖經的中文翻譯〉一文中對「異象」一詞的語用分析是：「用『我們的異象』來翻譯『Our Visions』，必須小心謹慎嚴加分辨。除非真的在白天、夢中、或在禱告的時候魂遊象外（in a trance），看到或聽到從耶和華或主耶穌的『啟示』；否則，教會的『Our Visions』不宜譯為『我們的異象』，依世俗的用法譯為『我們的願景』，可能是比較妥當的譯法。」[18] 其分析十分精到而確當。

宗教用語跟日常用語都應注意「身分」和「資格」。日常用語中固然有不少是人所「共用」的詞語，比如吃、喝、美、醜、高、矮、肥、瘦等詞，誰都可以用，也可以用來指稱任何人或物，不用講「身分」，不必談「資格」。可是，朕、賜、呈、啄、赦等詞，用的時候就要留意一下了。「朕」是皇帝的自稱，不是皇帝，就不能用「朕」。「賜」是在上而尊貴的一方把恩惠施予卑下的一方，因此不可胡亂「以下賜上」。「呈」是下面的一方向上級或長輩上遞文件或物件；必須要弄清楚。人不能用「啄」，因為人進食是用口而不是用喙；無權則不可言「赦」，無罪也不必有「赦」…… 諸如此類，都要注意「身分」和「資格」。

「異象」一詞在聖經中是指神透過啟示或默示給人傳信息。那是說，由神所發放的才可以稱「異象」。由個人所定的計畫或「願景」，如非真的確認為神所啟示或默示者，一概不能也不應僭稱為「異象」。若把「異象」等同了「計畫」或「志願」，當作「口頭禪」去用，就更加不當。

中國人有所謂「假傳聖旨」；在我們決定使用「異象」這個詞的時候，先要弄清楚那究竟是「誰」的想法，切勿「假傳」才好。

44

從「日光」到「太陽」

《和合本》的譯者很有意識地把傳道書中「under the sun」譯為「日光之下」。陳惠榮編著的《證主聖經百科全書》(香港：福音證主協會，1995)也留意到「日光之下」這個用語；陳氏認為要了解傳道書，關鍵就在於那句不斷出現的「日光之下」。

「under the sun」分明是「太陽底下」的意思，《現代中文譯本》都有選擇地把部分「under the sun」改譯為「太陽底下」。諺語中所謂「太陽底下無新事」，正是出自傳道書一章9節：「已有的事後必再有；已行的事後必再行。日光之下並無新事。」

不是說「sun」不可以譯為「日光」，但「the sun」(加了「the」)又分明是特指「日」(太陽)，這是具中下等英語水平者都知道的常識；《和合本》的譯者，似乎不可能不知道。

筆者常常想：《和合本》的譯者把「sun」譯為「日光」而不譯「太陽」，恐怕不是翻譯程度的問題。《現代中文譯本》的譯者把《和合本》的「日光」逕改為「太陽」，未知有沒有作過深切的考慮。

單就「日光之下」和「太陽底下」兩個譯詞作比較，詞意其實是有出入的。「日光之下」偏義強調「光」，那是說「有光之處、能看見的……」。而「太陽底下」大意卻是指「普天之下」或「天下間」。傳道書要強調萬事虛空的主題：「有光之處、能看見的」(日光之下)原來都並不實在，都是虛空、也沒有新意(日光之下無新事)。互參撒母耳記下十二章11至12節：「耶和華如此說：『我必從你家中興起禍患攻擊你；我必在你眼前把你的妃嬪賜給別人，他在**日光之下**就與她們同寢。你在暗中行這事，我卻要在以色列眾人面前，**日光之下**，報應你。』」經文中出現兩次「in broad daylight」，《和合本》都同時譯作「日光之下」；這大概可以推論：《和合本》的譯者是把傳道書的「under the sun」意譯為「日光之下」，等同了「in broad daylight」之意。

《現代中文譯本》把撒母耳記下的兩個「in broad daylight」都譯作「光天化日」，譯筆倒是不錯。查「光天化日」原指帝德如陽光普照之天，本義是指政治清明，承平無事的時代；後多用於指在大白天裏，眾目睽睽的場合。如《西遊記》第三回「六街三市，萬戶千門，來來往往，人都在光天化日之下」之語例可證。至於傳道書在《現代中文譯本》裏頭的多個「太陽底下」，又是否可以都用「光天化日」取代呢？這問題還請專家們仔細斟酌。

45
從「黑道」想到「紅樓」

《和合本修訂版》的出版經理在「可圈可點」上解釋《和合本修訂版》的修訂原則，談到這個版本修訂了一些因方言讀音引起的問題。例如「脂油」，與上海話的「豬油」同聲，故修訂為「油脂」。這正是修訂者「溺愛」讀者「溺愛」到讀者都覺得沒有必要的例子，終是吃力而不討好。「脂油」與上海話的「豬油」同聲，究竟是上海的主內同人覺得有問題，還是修訂者個人以為有問題？這點也許涉及統計，暫且不談。只是中國有那麼多方言，修訂者能否都在避免同音歧義的問題上一一兼顧？

Grease 一劇中譯為《油脂》，一九七二年在百老匯首演，其後在一九七八年拍成電影，由尊特拉華達（John Travolta）和奧莉維亞紐頓莊（Olivia Newton-John）擔綱演出，《油脂》成為有史以來最賣座的音樂劇電影。當年不少年輕人沉醉於狂歌熱舞中，有的打扮前衛，有的因年少氣盛而鬧事，行為不羈放縱，當時傳媒稱這些前衛的年輕人為「油脂飛」——如果聖經中的「脂油」是因方言問題而給改訂為「油脂」，那麼，「油脂」一詞最起

碼在香港也同樣會引起語義上歧義的聯想。

至於《和合本修訂版》中「教訓」被「教導」取代的理由卻是：「由於這是全球華文的獨譯本，故用字上要小心。例如《和合本》有一百零九次提及『教訓』（按：次數疑有誤），但在台灣人的角度而言，『教訓』是黑幫用語，意思是打人！我們為此把『教訓』改為『教導』。那麼信徒閱讀起來，感覺便會較正面，不是耶穌去『教訓』人！」[19] 就因為台灣黑幫人物用「教訓」表示「打人」，《和合本》就要因此而不可「教訓」，那麼黑幫勢力也真的大得驚人。

黑幫人士把「打人」說成「教訓」，是利用雅化詞語的手段而達到使用「隱語」的目的。「隱語」在行業中使用是「行話」，在幫會人士間使用是「黑話」。按道理，常識上大家都知道聖經並非講關於「幫會」或「社團」的書，正常的讀者似乎沒有理由用「黑幫/社團用語」的定義去理解經文，即使有個別讀者這樣理解，你說這是「個案」呢？還是「普遍現象」呢？這點值得修訂者思考。如果真有一天黑幫人士改口把幫會首腦稱為「耶穌」，修訂者是不是要《和合本》再一次作出「遷就」?

《紅樓夢》第四十五回說周瑞的小兒子在王熙鳳的生日宴上撒了一地饅頭，王熙鳳要開除他；賴嬤嬤幫忙求情：「依我說，奶奶教導他幾板子，以戒下次，仍舊留著纔是」。王熙鳳接受意見，說：「既這樣，打他四十棍，以後不許他吃酒。」可見賴嬤嬤說的「教導」也就是王熙鳳所講的「打他四十棍」。黑道用「教訓」，紅樓用「教導」；這樣「打」來「打」去，我們若要迴避，似乎還是「避」不過的了。

46
當副校長的一定不可以姓「徐」?

香港聖經公會《新標點和合本》在「說明」中談到更改中譯名字的例子。「說明」提到「採用更適合的人名」的改動原則，例子一是「改動不雅的譯名，如以呂便代替流便」，例子二是「改動容易誤解的名字，如尼哥底母改為尼哥德慕，以免誤認他為女性；友阿爹改為友阿蝶，以免誤認她為男性。」以下且集中談談《新標點和合本》中「流便」、「尼哥底母」和「友阿爹」三個譯例。

把一個中譯名字「流便」聯想到「不雅」不知算不算是理解上的過敏症突發。如果真的是把「流便」聯想到「『流』出糞『便』」，那是近似於小朋友總愛嘲笑姓徐的副校長——小朋友故然有點天真、有點頑黠，但徐副校長總不成因為小朋友在個人姓氏理解上的過敏而改名換姓的。我不明白讀聖經的人為何會把焦點放在譯名「不雅」的問題上，也不明白為何修訂聖經的同人要把心力花在這些事上。而且，把「流便」改為「呂便」不一定就沒問題，如果某讀者理解上的過敏症又突發，那會不會誤會了「呂便」是中國人呢？説到底，理解上的過敏症一天不根治，類似這些不必要的「改動」將無日無之。

把尼哥底母改為尼哥德慕，原因是為免誤認了尼哥底母是女性。我估計，提出這項「修訂」的同人也許是把譯名中的「底」字理解為早期白話的「的」字，「尼哥底母」怕會使人誤會是「尼哥『的』母（親）」，這種不看語境而只割裂地理解字詞的做法，極端起來，有一天會有人振振有詞地要求改掉「耶和華」的中譯名字，理由是「和」字是連詞，是「以及」的意思；「耶和華」令讀者誤以為「耶」和「華」是兩個神——你説可笑不可笑？可以不可以？又可改不可改？

把友阿爹改為友阿蝶，原因是以免讀者誤認友阿爹為男性。荊軻刺秦王的淬毒匕首，是著名的鑄劍師徐夫人所鑄。司馬貞《索隱》云：「徐，姓；夫人，名。謂男子也。」《漢書》中還有一個「丁夫人」，也是男子。民國時有一位別號「天虛我生」的作家，名字就叫「陳蝶仙」，他的長子則名「陳小蝶」；父子倆的名字雖然帶著翩翩「蝶影」，卻都是男兒身。若「友阿爹」要改，緊貼在經文後的另一位女子「循都基」要不要改名字？

閱讀和理解聖經是一個理性的過程，當中包括理順上文下理、了解背景資料、認識不同時地的文化，而絕非任意地在閱讀過程中失控地胡思亂想，更不要把這些失控的個人聯想類推到所有讀者的腦袋中去。

47
聖善與聖潔

每年十二月二十四日平安夜，大街小巷都會傳出〈平安夜〉，遠遠傳來裊裊歌聲，真的好像是天使在天邊歌唱一樣。〈平安夜〉曲詞家喻戶曉：「平安夜，聖善夜，萬暗中，光華射，照著聖母也照著聖嬰……」大家都不會感到陌生。

筆者由歌詞中「聖善」一詞聯想開去——「聖善」在《和合本》中只出現過一次，就在羅馬書一章4節：「按聖善的靈說，因從死裏復活，以大能顯明是神的兒子。」如今有《聖經新譯本》（香港：環球聖經公會，1992）把首句新譯為「按聖潔的靈說」，把「善」字新譯為「潔」字；細味之下，似乎不無道理。

「聖善」一詞如係譯者另標新義的話，大概可以解作「（德性上）既崇高又至善」，讀者大致望文可以生義。只是仔細分析，「聖善」一詞本有其意，查《詩經》〈邶風〉〈凱風〉詩云：「母氏聖善，我無令人。」「聖善」後借為對母親的美稱。《文選》楊修〈答臨淄侯箋〉「體發旦之資，有聖善之教」一語可證。《和合本》羅馬書譯文採用「聖善」去形容「靈」，不知譯者本意是否真的有意把「靈」比類於慈祥的母親;《聖經新譯本》則把「聖善」新譯作「聖潔」,其背後理由卻未知是否與筆者所想者相同。

只是話得說回頭,「聖善」一詞的本意實在並不普遍,知其本意者甚少。反而「聖善」的字面意義又直接又明白,在傳達意思上一點都不會產生問題。「聖善」用作「對母親的美稱」這個意義雖云於古有據、客觀存在;但到了今天「對母親的美稱」這個義項大概是已成了「義項中的化石」,在日常的溝通中根本用不上。在這個前提下,又是否有必要放棄「聖善」這個用語呢?

整個《和合本》的譯文中只用上了一次「聖善」(holiness)去直接形容「靈」,再細看八十七次使用「聖潔」(「holy」一詞派生開去的相關用詞)的語例中,都沒有用「聖潔」直接形容「靈」的例子(用來形容父神倒是有的);由此看來,《和合本》的譯者是很有意識地分開「聖善」和「聖潔」的指稱對象。至於這個分別是否有必要保留或修訂,則筆者道基未深,就不敢亂說了。

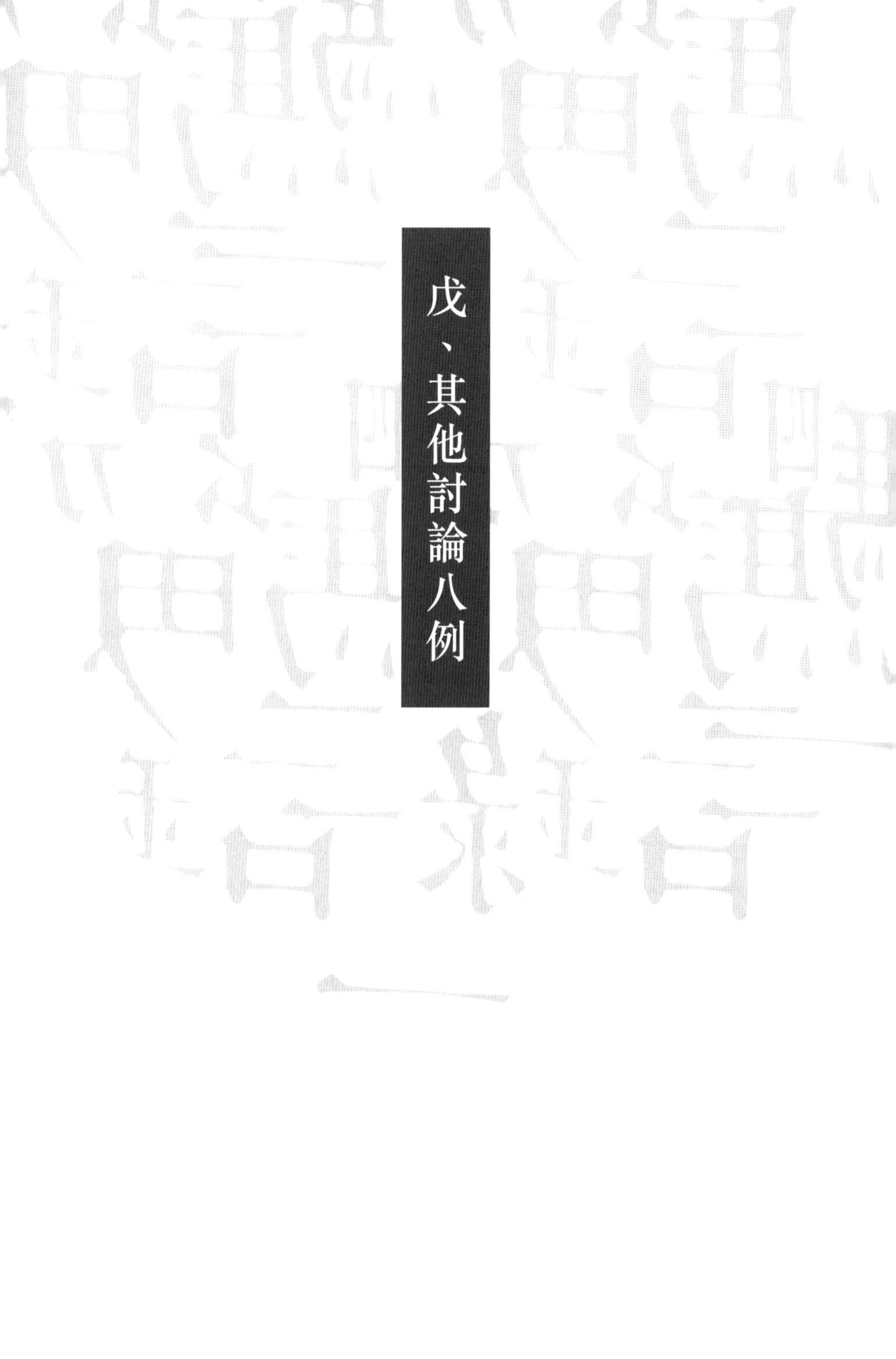

戊、其他討論八例

48
刀下留情

中文大學藝術系唐錦騰兄，能書善印，篤信基督，夫人佩儀取得博士學位後，再攻讀神學，曾在教會半職事奉，如此夫妻，正是父神巧妙而完美的安排；應該切切感恩。

錦騰兄刻印私淑葉路淵，宗漢印，其印風崇正朗穆，切刀深直剛勁，字畫線條甚具張力，其人亦清癯開朗，確是印如其人。錦騰兄曾嘗試以聖經金句入印，並出版過金句專題印譜，可謂別開生面，甚具創意。

把宗教信息融入印章篆刻藝術中，佛教中人顯然起步得較早。民國名僧弘一法師(李叔同)，利用書法、利用印章篆刻融合宗教信息，可説是箇中的代表人物。錦騰兄有志於此，以傳統篆刻藝術配合基督教信息，其宣教成就與藝術成就日新又新，筆者拭目以待。

談到傳統印章篆刻藝術，一般刻印章的都以篆書入印。廣義的「篆書」是指隸書以前的所有書體，包括甲骨文、金文、籀文、六國文字及小篆；狹義的「篆書」則只指大篆及小篆。相傳大篆為周宣王太史籀所作；小篆則是李斯取史籀大篆省改而成。我們現今所稱的「篆書」，其實概念上多指「小篆」而言。

刻印時要查考某個字的「小篆」寫法，最直接的方法是翻檢《說文解字》。《說文解字》，東漢許慎撰，三十卷，是中國第一部有系統分析字形及考究字源的字書。該書按文字形體及偏旁構造分為五百四十部，首創部首編排法。字體以小篆為主，書中收錄了九千三百五十三字，列古文、籀文等異體為重文，共計一千一百六十三字。每字下的解釋大抵是先說字義，次及形體構造及讀音，並依據「六書」解說文字。問題是我們今天所用的不少「後起字」，早在東漢時代的《說文解字》當然不可能會「預先收錄」，這樣在選字入印時就會遇到一定困難。如創世記二十七章的「你必倚靠刀劍度日」，經文中的「劍」字，小篆中就沒有；如真的要以「劍」字入印的話，就只好選用別的字體了。

49
工具書中尋主名

忽發奇想，翻一下手頭常用的詞典工具書，看看「耶」字下是否有收錄關於主的詞條。

查台灣出版的《國語活用辭典》，「耶」字下收「耶和華」、「耶誕老人」和「耶穌會」三個詞條。再查中國內地的《現代漢語詞典》，「耶」字下也收三個詞條：「耶和華」、「耶穌」和「耶穌教」。香港本地沒有較具規模的詞典可查，姑且翻一下香港教育界、語文界常用而莘莘學子幾乎人手一冊的《商務新詞典》（香港：商務印書館，1991），該書在「耶」字下，一個詞條都沒有。

字典詞書不可能甚麼字詞都收，編刊字典詞書總要有個編收標準，否則逢字必收逢詞必錄，也不一定是好事。筆者暫未參與過編字典或詞書的工作，但作為運用語文工具書的「長期用戶」，總可以歸納出一些字書詞書的編採原則。

工具書要求實用，除了一些較專門的字書詞典，一般的字書詞典都優先收錄「常用」的字詞（即詞典凡例中常提及的「一般詞語」)，如果編字典詞書，遇上「耶」字，是否真的可以像香港的工具書一樣，「一條不收」呢？

平情而論，從「常用度」、「知名度」甚至是「常識」的角度來講，「耶和華」或「耶穌」在詞典上都應「榜上有名」。上舉的《國語活用辭典》及《現代漢語詞典》都沒有漏收，再擊點瀏覽網上《國語辭典》，都同時兼收「耶和華」與「耶穌」詞條。反觀《商務新詞典》在「耶」字一欄下空空如也，這情況倒也值得主內同人注意和深思。

如果說詞典編採原則是要避免採刊宗教用語的話，則在同一部的詞典中，「釋」字下卻收錄了「釋子」(僧徒之意)、「釋典」(佛家典籍)等佛家專門用語，這些用語又算不算是「一般詞語」呢？該書編者還在「釋」字下注明「釋迦牟尼的簡稱。亦泛指佛教。如釋門、釋典。」若準此例，同一部詞典中「耶」字之下是否也有必要簡單注明一下，必要時還應補上相關的詞條呢？

50
可怖的字

中國人對「漢字」都存有或多或少的「崇拜」心態，有人迷信漢字有神祕力量，傳說倉頡造字，天雨粟鬼夜哭；真的是「信不信由你」。

曾經在一份宣揚基督信仰的月刊上讀到一段文字，文章大意是說，神對華人的救恩或旨意，都在漢字中有所暗示。文章中舉了一個「船」字為例，說是「一舟八口」，正是暗示挪亞一家八口在方舟避洪水之禍。

這段文字令我吃驚得很。寫文章的那位作者用傳統迷信的拆字方法去曲解漢字，已嚇得我渾身冷汗；月刊編輯居然又認同其觀點，在月刊中騰出寶貴的版位刊登此等「奇文」，更嚇得我心膽俱裂！

我在未信主之前，甚好奇門遁甲，也喜研究星相卜易之術，沉迷多年，自以為參得祕術能知世變；殊不知都是一場自欺欺人的遊戲。拆字之術，穿鑿附會則有之，若說能通休咎，則堪發一笑而已！硬要說句好話，只能說拆字者聯想力異常豐富；只此而已。拆字者每每利用人的迷信心理，並善於察言觀色，根據對方的衣著言談，隨機拆字，取信於人。從前有個皇帝微服到民間出遊，遇到一位跑江湖的拆字先生為人拆一個「帛」字。拆字先生斷定是家有喪事，因為「帛」就是「白巾」，也就是中國傳統喪禮中戴孝之意。微服的皇帝也感興趣，乃請那跑江湖的拆個「帛」字。同樣拆一個「帛」，拆字者當然要即興說出另一番「道理」來。拆字者立即鑑貌辨色，看出來人絕不是等閒之輩，就改口說「帛」字是「皇」字頭、「帝」字腳，說對方是大貴人。如果我說「帛」字是「棉」字欠「木」，沒有「木」就不夠「環保」——你說可笑不可笑？可見，拆字分析主要是人為因素，甚至可以說是某些人在信口開河。

一些面向華人的宣教刊物，必須要加倍小心，切不可混入傳統迷信習俗。編輯的「衡文玉尺」要拿得穩、道基要深厚；必要時多請一兩位主內前輩文膽為來稿掌掌眼。否則，有問題的文章一旦刊登出來，遺害是十分深遠的。像上舉的「船」字例子，是「用迷信宣教」的弔詭行為。直接說「天父的救恩也惠及外邦人」，不行嗎？

行文用字，存乎心術。心術正則文辭崇正，心術不正則文辭乖謬。主內從事文字事工的同人，尤須慎之勉之。網絡上「山行文藝」專欄也批評過這種拆字謬論，〈釐清一些望文生義的中國文字〉一文針對拆字之舉說：「教中文是正經事，補充些有趣的材料，增加記憶，事半功倍。但是不能以偏概（原文作「蓋」，諒誤）全，積非成是。」[20] 教中文該用甚麼手段在這裏不談，如果是宣教的話，則若以「拆字」迷信之法去「補充些有趣的材料，增加記憶」以求宣教得以「事半功倍」的話，就斷乎不可。

51
御筆流芳？

中國早已取消了帝制，但國人的心目中，對所謂「天子」總存幾分欣賞之情，情面上總給點「優惠」。都說皇帝愛吃的菜就是名菜（御膳）、皇帝愛看的書就是好書（御覽）；但最不可信者乃是皇帝寫的詩一定是「好詩」。

所謂「御製」，是專指帝王所作或奉帝王之命所創制的樂章或詩文作品。《新五代史》的〈伶官傳．序〉云：「莊宗既好俳優，又知音，能度曲，至今汾、晉之俗，往往能歌其聲，謂之『御製』者皆是也」，指的正是皇帝的作品。封建帝制社會中，平民百姓與皇帝不可能有直接或頻密的交往，皇帝個人或與皇帝相關的一切，對老百姓而言都多少帶點「神祕感」。以詩歌創作為例，皇帝雖稱「天子」，但其詩作卻不一定、而且多數不會是「天」字第一號的佳作。老實說，當時的官民若不吹捧天子文才，頸上縱有十個人頭都得全數落地，但時至今日，重讀一些被人吹捧過甚的所謂「天子好詩」、「御製佳作」時，又是否可以客觀地講一句真心話呢？

像康熙帝的幾首以基督教為題材的詩，在網絡上廣泛流傳，談論的人也不少。由於題材新穎，加上是天子「御製」，矚目是理所當然的，但是否好詩，則不應人云亦云，而應客觀地作評論。尤其是主內教友，更不應因為康熙寫的是基督主題，就一口咬定必是好詩。以下不妨以康熙那廣為傳頌的七律為例，詩云：

功成十架血成溪，百丈恩流分自西。
身列四衢半夜路，徒方三背兩番雞。
五千鞭韃寸膚裂，六尺懸垂二盜齊。
慘慟八埃驚九品，七言一畢萬靈啼。

這首詩經不少人引用過、討論過，在筆者讀過的評論文字中，大比數傾向讚賞。誠然，以中國古典詩的形式寫基督教題材，不是易事；但詩始終是詩，不能因為是御製、寫的是基督，就說是好詩——

首先，上舉的康熙作品沒有投入情感，只是用七律的形式把耶穌釘十字架的事實再交代一遍而已；近於重寫仿作，原創的成分很低。

再者，全詩匠氣極深，且不提中間頷腹二聯「身列」對「徒方」、「五千」對「六尺」對偶生硬牽強，單看作者刻意大量地把一二三四五六七八九十百千萬半兩尺寸等數字及相關單位用詞嵌入詩句中，就已令讀者感到這是近於一場「文字遊戲」多於是表達慕道的真情(康熙曾為鄭成功歸葬南安撰一長聯，也嵌入了數字，但效果較好:「四鎮多貳心兩島屯師敢向東南爭半壁；諸王無寸土一隅抗志方知海外有孤忠」)。

其三是湊韻，如首句「血成溪」本出於「血流成河」，但「河」字出韻，只好用「溪」，那是湊韻，而且湊得生硬。其四是措詞失當，如第七句中的「驚」為何要配「九品」，「九品」如係指官階品級，則為何不是「一品」? 又為何不是「七品」? 究其原因純粹是為了要嵌入一個在詩中未曾用過「九」字，目的是完成其「文字遊戲」而已。如果詩中的「九品」是用《南齊書》「仙變成真，真變成神，或謂之聖，各有九品」典故的話，那真的是給弄得滿天神仙佛道了，這位天子對基督信仰的理解，似乎含混不清。

寫詩，技巧固然重要，但如果只是賣弄技巧的話，意義就不大了。筆者並非有意數落天子的作品，而是要以此為例，指出文字宣教與護教之難；文字聖工絕非在詩詞歌賦中硬加十來個教會用語或聖經典故便行。上舉康熙帝的作品當然也非全無價值，最起碼，作為一國之君，動筆寫一遍基督上十字架的驚心動魄場面，是史無前例的。更難得他運用聖經典事左右逢源，信手拈來；可惜真情欠奉，讀起來總覺得是在讀內功心法的「口訣」; 驢馬兩非，天子御筆，竟成了敗筆。

52

教會中不必有的「博」和「醫」

有些人很重視個人的學術或專業銜頭，一天到晚總要把自己是「博士」、「醫生」或「律師」的事實掛在嘴邊，連與教友通信的下款署名都不忘用括號補充寫上「Dr」，誠恐一時不慎會丟了那個銜頭似的。

學業或專業有成，由碩士到博士到醫生，都是可喜可敬的；但卻不必自稱、自註，更不宜在與教友的交往中使用。在教會中我只重視「牧師」、「師母」、「執事」、「傳道」、「院長」等銜頭，因為這是神的僕人的銜頭，要尊重和重視；其他銜頭都不必帶到主的面前。

教友都是弟兄姊妹，稱「李弟兄」、「陳姊妹」，貼切而親切；再熟一點的教友不妨互稱名字。一家人不可能互稱學術或專業銜頭吧：博士的弟弟都是叫博士做「哥哥」的。若有主內學者到教會分享，主持人在介紹講者時不妨交代一下學者的學歷或相關銜頭，到稱呼時還應稱「兄」道「弟」而不必稱「博」稱「醫」。尤其那個單用的「醫」字，實在「醫」得奇怪而不知所謂，但類似「陳醫」、「蔡醫」、「胡醫」的叫法，卻在華人教會中十分流行，我還一度誤以為是「姨」（廣東話常讀陰平聲「衣」），後來才知是「醫生」的簡稱。

至於「博士」一銜，大家實在不必太著緊也不用太重視。二十世紀初中國放洋留學的人不多，能放洋而回國的莫說是「博士」，就是「碩士」都罕有，如民國時的馬駿聲，時人都尊稱他為「馬碩士」，他自己也如此自稱。時移世易，今天持碩士學位者十分普遍，則又沒必要贅稱「碩士」了。「博士」在不久將來也會「大眾」化，到時在稱呼上也不必多此一「博」；到頭來看的還是個人的真本事——錢鍾書先生當年在牛津大學只拿了個「副博士」學位，回國後大家都叫他「錢先生」，雖不稱「博士」，學問卻深得不得了。

年輕時曾踵門向一位老師求教，我一開口稱呼「教授」，他便說「叫『老師』吧」；筆者受教，至今不忘。至於在教會中的用語，要講基本社交禮貌，其他不必要的客套話，可免則免。

53

教會不「敝」

在網絡上搜尋資料，很容易讀到以下的句子：「敝教會是以經解經」、「敝教會的學生團契每季都要觀賞一部影片」、「有興趣，請到敝教會網站參觀」、「敝教會主日禮拜時間為上午九時半」、「敝教會願意以下列行動回應」、「樂意代表敝教會推薦他」——這些語例在措詞上有何相同之處呢？不難發現，上舉的各個語例都用上了「敝教會」。

「敝」字是中國傳統禮貌用語中的「謙詞」，用於對別人謙稱和自己相關的事物。如「敝校」、「敝姓」、「敝處」。《左傳》僖公二十六年「寡君聞君親舉玉趾，將辱於敝邑」一例可證。中國人用謙詞真的用得出神入化，試看拙荊、小弟、薄酬、賤內、敝姓、鄙人、愚見、忝列、敢問、寒舍……中國人喜歡把自己和與自己有關的生物或死物矮化賤化，以此達到社交禮儀得體之目的。謙詞若用之不得其法不達其理，則出神有之，入化則未必——筆者認為「教會」前面冠以「敝」字的做法，大可不必。

「教會」是神的組織，以弗所書一章云：「教會是他的身體，是那充滿萬有者所充滿的」(23節)，經文中的「他」是指耶穌基督；那麼，在屬靈意義上講，不同的教會應視為耶穌身體的不同部分，有的是中指，有的是無名指，有的是眼睛……從這個角度看，教會與教會之間的來往溝通，只要表現得友善和誠懇便十分足夠，不必謙稱作「敝」，當然也不必抬舉對方為「『貴』教會」。如果是教會跟教外羣眾來往溝通的話，則更不宜自稱「敝教會」；教會是神的組織，對教外羣眾作自稱沒理由要「敝」，口語上講「歡迎到我哋教會參觀」，已很親切達意。書面表達可以逕稱「本教會」；得體而肅正。

為神作工，最難是不卑不亢。驕傲嚣張固然不可，但不必要的所謂「謙虛」也應在態度上或用語上細加檢點。父神有其尊嚴，教會中的每一份子都有責任維護父神的尊嚴。一句「敝教會」可能成就了個人的所謂「謙遜」和「禮貌」，但卻極有可能是用了父神的尊嚴來作抵押。

馬太福音十六章耶穌對彼得說：「我要把我的教會建造在這磐石上」(18節)，若給改為「我要把『敝』教會建造在這磐石上」，效果如何？不言而喻。

54

「神」字挪抬

好些聖經在版面編排上，都會在「神」字或「上帝」一詞前空一格。這種格式是中國文書的傳統之一，是為「挪抬」。

「挪抬」本出於「平抬」；平抬，是尊敬某人的書寫方式。使用時將人名直接換行頂頭，即換一行頂格書寫，以置頂格式來表示敬意。由於「平抬」要常常換行，在版面調度上掣肘較大，因此後來又折衷地以「挪抬」取代。挪抬也是為表示尊敬，在人名或稱謂的前面留一個字距的空白，即空一格，代替換行。現時中國內地的文書都不用「抬」了，而台灣方面則較傳統，部分書信仍會挪抬人名，以示尊重。

直排的聖經在編刊時對「神」或「上帝」等詞採用「挪抬」，表示對神或上帝的尊重，本無不可，只是挪抬的原意是在直排的行文中，以「抬」的格式把要尊敬的名字抬高，若在橫排的聖經中，個人認為沒有「抬」的必要。

關於橫排行文是否還要「抬」的問題，坊間好些教寫現代應用文的專書都沒有好好的探討過。大家只知道舊式書信公函直排有「抬」，現代新式書信改作了橫排，於是不問情由照「抬」可也，其亦不達於理。

中文整篇由左至右的橫排格式(橫書扁額例外)，本來就是近代以來參考採用外文的行文格式，前人戲稱這是「蟹行」，暗示「橫」的意思，倘若硬要在擴排行文中混合採用傳統的挪抬格式，不單顯不出「抬」的真意與敬意，更屬不倫不類。

橫排聖經在編刊時要對「神」或「上帝」等詞表示尊重，可以考慮採用套色的方法，用不同顏色去強調一些重要的名詞或稱謂，悅目而又醒目。如果套色增加印刷成本超出預算，可以利用不同字款以突出重要的名詞或稱謂，效果也應不俗。

55

《世紀頌讚》中兩個別字

詩歌集《世紀頌讚》第 114 首〈擁戴主為王〉的第一節歌詞是「擁戴萬有之王！羔羊在寶座上，聽啊！天上歌聲嘹亮，聖樂掩壓羣響。我心醒來同唱，頌主救贖洪恩，歡呼主為萬王之王，千秋萬歲無彊」，句末的「彊」字是別字，應作「疆」。

「彊」字其實是「強」字的異體字。《說文解字》說「彊，弓有力也」，是「彊」字的本意。《書經》〈洪範〉說：「身其康彊」，《墨子》〈脩身〉說：「故君子力事日彊，願欲日逾，設壯日盛」；句中的「彊」都通「強」。《荀子》〈天論〉說「彊本而節用，則天不能貧」，「彊」字兼有「加強」之意。上舉各義項，「彊」字都讀平聲。「彊」字若讀上聲，則可解作迫使，《晏子春秋》〈問上〉「任人之長，不彊其短」一例可證。也可解作盡力，《淮南子》〈脩務〉中有「名可務立，功可彊成」之句，高誘註云：「彊，勉也。」

「疆」字與「彊」二字只差三筆，字形相似；加上二字讀平聲的話，都統攝在《平水韻》的「七陽」韻部之下，押起韻來很容易因二字形近而搞錯。漢代就有一個人名叫「彊華」，有些古書典籍的記載卻是「疆華」，是魯是魚，莫衷一是。

「疆」字指極限或止境之意。如：「萬壽無疆」，又《易經》〈坤卦〉彖曰「坤厚載物，德合無疆」；用的都是同一個意思。〈擁戴主為王〉中「千秋萬歲無『彊』」顯然是誤「彊」為「疆」，應該予以修訂。

無獨有偶，與「疆」字同韻的「祥」、「詳」二字，也常混淆。《世紀頌讚》第 130 首〈小小嬰孩〉的三節歌詞是：「……牧羊人恭敬跪拜在主前，東方王屈膝奉獻；馬利亞稱頌讚美天父，聖嬰睡覺多安祥」；末句說聖嬰「安祥」，實應作「安詳」。

「安詳」是形容人舉止從容不迫、穩重、平靜。古代漢語「詳」字與「祥」字互通時，一般解作善或吉祥。《易》〈大壯〉：「不能退，不能遂，不詳也。」《疏》云：「詳者，善也。」這就是說，解作善或吉祥的時候，「詳」可通「祥」。只是現代漢語已把詳、祥二字作仔細分工；「安詳」的「詳」已不是吉祥之意，因此不可通作「安祥」：把「安詳」寫作「安祥」，就是寫了別字。

查「詳」字除了常用的「細陳」、「細述」之義外，也兼有從容莊重的意思。宋玉〈神女賦〉「性沉詳而不煩」之句，句中的「詳」字就是「舉止從容不迫」或「從容莊重」之意。佛經也用「安詳」，丁福寶在《佛學大辭典》「安詳」詞條下云：「安穩微妙之貌。」至於「安祥」一詞，《現代漢語詞典》及《國語辭典》都沒有收錄。

後記

《駟馬留言錄》所收錄的大部分是《基督教週報》「教會語文漫談」專欄上的文章。成書前我把各文稿略作修訂，並重組編次，希望讀者讀得輕省些也愜意些。書中雖有幾篇賞析文字；但有關「修理」的例話，畢竟佔多。

古時有類近於「修理」的文類——「指瑕」、「辨誤」、「訂正」、「補正」……都屬於「修理」範疇。歷代不少詩話都間涉修理別人作品的文例，大概也可算在「修理」文類之列。只是古人寫這類「修理」文章寫得甚具學術味道，作者的寫作動機不是為了個人的五斗米稿費或升斗微名，而是要把前人的名著修理得更好更完美；「自肥」的動機實在不高。歐陽修在《六一詩話》就「修理」過張繼名作〈楓橋夜泊〉，說詩人寫詩「貪求好句而理有不通，亦語病也」。歐陽修認為〈楓橋夜泊〉「句則佳矣，其如三更不是打鐘時」。南宋葉夢得卻在《石林詩話》中「反修理」歐陽修的說法：「蓋公（指歐陽修——筆者）未嘗至吳中，今吳中山寺實以夜半打鐘」。楊慎也在《升庵詩話》中「修理」杜牧的

〈江南春〉:「千里鶯啼,誰人聽得?千里綠映紅,誰人見得?若作十里,則鶯啼綠紅之景,村郭、樓台、僧寺、酒旗,皆在其中矣」。何文煥路見不平,在《歷代詩話考索》中「反修理」楊慎的說法:「即作十里,亦未必盡聽得著,看得見」。上舉各名家均以事論事,雖云「修理」卻總不涉「針對」;段段論證都具見風度和幽默。

長期寫作的人總不免有過「修理」別人的經驗或衝動,是一時技癢也好、是路見不平也好、是恨鐵非鋼也好,忍不住動筆修理一下;三五年後重檢舊文,也許還會自笑舊作筆下放浪失儀。對真正喜歡寫文章的人而言,是不會專業地、專門地寫「修理文章」的;因為那是「寄生」而非「自生」——求別人在文章語段中施捨一兩個文誤別字或病句,回去好砌詞成文;不免可笑。我在向梁院長求序的電郵中說:「文字事工很磨人但也同時很感人,箇中甘苦,院長一定明白……語文出錯者,可追則追,今是昨非;圖個心安理得」。想到「剃人頭者人亦剃其頭」,我實在不見得自己的語文是毫無瑕疵或全無錯誤,卻深信大家針對問題相互砥礪,交流時動之以情說之以理;必有得益。

書能出版,感謝主,是必然的了。還要感謝姚志華兄,他在我們尚未相識的時候打電話向我約稿,自此我們輪流為「教會語文漫談」專欄供稿;沒有他,不可能有這批「留言」。基道出版社梁冠霆先生在出版過程中多方玉成、梁家麟院長百忙中答允為拙著撰寫序文;主內弟兄牧者的扶掖、鼓勵、關懷、代禱與期許,少璋感激不盡。

註釋

1. 引自http://city.udn.com/55568/3890559?tpno=0&cate_no=67712；瀏覽於 2011 年 7 月 21 日。
2. 引自http://www.okszj.com/article.php?id=292；瀏覽於 2011 年 7 月 21 日。
3. 引自http://www.amigobbs.net/redirect.php?tid=44192&goto=newpost；瀏覽於 2011 年 7 月 21 日。
4. 引自http://hi.baidu.com/ccpj513/blog/item/43b50d104c599e1bb9127b90.html；瀏覽於 2011 年 7 月 21 日。
5. 引自http://www.youtube.com/watch?v=y-Ks_luKlBQ；瀏覽於 2011 年 7 月 21 日。
6. 十七世紀前，apple是水果和蔬菜的總稱，後來卻專指「蘋果」。事實上，十六世紀文藝復興時期的德國畫家阿爾布雷希特．杜勒（Albrecht Dürer）所繪的〈亞當和夏娃〉，畫作中的「禁果」看起來也真的像「蘋果」。
7. 引自http://www.hanadam.com/?p=261；瀏覽於 2011 年 7 月 21 日。
8. 引自http://www.youtheart.org.hk/index.php?id=331；瀏覽於 2011 年 7 月 21 日。
9. 引自http://www.christianstudy.com/data/sermons/kowloonbaptist/b5_s20050529.htm；瀏覽於 2011 年 7 月 21 日。
10. 引自http://www.aboutbible.net/Ab/A.L.01.68.Ap2.html；瀏覽於 2011 年 7 月 21 日。
11. 引自http://big5.cnfol.com/big5/blog.cnfol.com/ppzou442/article/27482881.html；瀏覽於 2011 年 7 月 21 日。
12. 引自http://silvercable.wordpress.com/2007/01/13/police-commissioner/；瀏覽於 2011 年 7 月 21 日。
13. 引自http://www.pep.com.cn/xiaoyu/jiaoshi/tbjx/xy_jcdy/xydy6/201008/t20100818_663734.htm；瀏覽於 2011 年 7 月 21 日。
14. 引自http://star.sgst.cn/questionDetail.do?id=19161；瀏覽於 2011 年 7 月 21 日。
15. 引自http://star.sgst.cn/questionDetail.do?id=19161；瀏覽於 2011 年 7 月 21 日。

16. 引自http://thenewman.org/v1i3/g1.htm；瀏覽於 2011 年 7 月 21 日。
17. 引自http://www.pcerc.org/HJZHY/HJ903/HJ903_06.htm；瀏覽於 2011 年 7 月 21 日。
18. 引自http://www.taiwancenter.com/sdtca/articles/10-03/10.html；瀏覽於 2011 年 7 月 21 日。
19. 引自http://www.upwill.org/article/5027bible2.html；瀏覽於 2011 年 7 月 21 日。
20. 引自http://www.a1126.org/DispOneMessage.asp?txtOrgCode=ccef&Category=12&ID=CCEF39348509146065&Page=1；瀏覽於 2011 年 7 月 21 日。

文藝系列 用文字分享深情

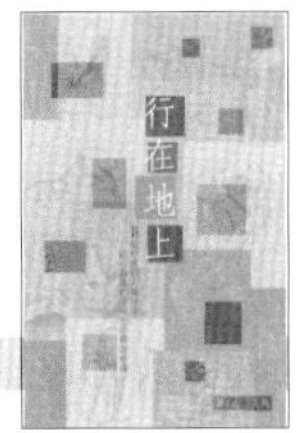

行在地上

艾阮著／HK$78

安息行旅

趙崇明著／HK$83

有鼻有眼，怎會不美？——文字人的形相學

王礽福著／HK$63

我的心願——給至愛的最後禮物

林偉廉著／HK$68

二陂坊劇場

吳嘉榆、何嘉萍著／HK$48

此後之前——一種生命存活的感思

鄧紹光著／HK$58

我們四個人

龔立人著／HK$53

胡燕青作品

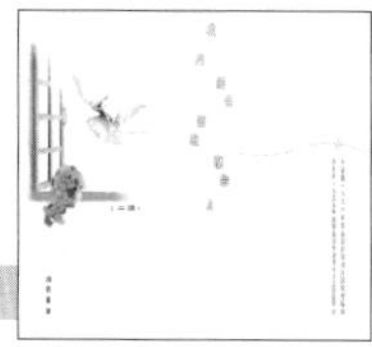

我把禱告留在窗台上

胡燕青著／HK$48

我的老師

胡燕青著／HK$38

十九歲的天空——讓我們都來認識今日的大學生

胡燕青著／HK$44

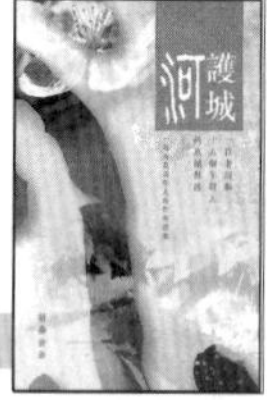

護城河

胡燕青著／HK$48

緊扣時代 服事教會

以文字傳揚基督真道

讀者意見表

衷心多謝你購買本社書籍。本社一直致力以出版事工服事教會，幫助信徒扎根於神的話語，促進靈命增長。為使我們的出版更能滿足你的需要，請填寫下列各項資料，並寄回或傳真予本社。

所購書籍：________________________

本書最吸引你的地方：

□作者　□適切性　□文筆　□設計　□實用性

□其他：________________________

購買本書地點：

□基道書樓　□基督教書店　□非基督教書店

性別：□男　□女　職業：________________

信仰：□基督徒　□非基督徒

年齡：□ 16 歲或以下　□ 17～25 歲　□ 26～35 歲

□ 36～55 歲　□ 56 歲或以上

學歷：□中三或以下　□中五　□預科

□大學　□研究院

□我欲更多了解基道出版社的事工及考慮支持，請寄給我下列資料：

□機構簡介　□新書資料　□基道會員通訊

□《基道文字事工通訊》

姓名：________________ 電話：________________

地址：________________________

____

傳真：________________ 電子郵件：________________

其他意見：________________________

____

多謝賜教！

意見表可以傳真（2687-0281）或直接郵寄以下地址：
香港沙田火炭坳背灣街26號富騰工業中心1011室
基道出版社編輯部收